CÓMO LIBERARSE DEL SECUESTRO EMOCIONAL

DR. JOSÉ BATISTA

PENIEL
Buenos Aires - Miami - San José - Santiago
www.peniel.com

©2009 Editorial Peniel
Todos los derechos reservados.

Ninguna parte de esta publicación puede ser reproducida en ninguna forma sin el permiso escrito de Editorial Peniel.

Las citas bíblicas fueron tomadas de la Santa Biblia, Nueva Versión Internacional, a menos que se indique lo contrario.
© Sociedad Bíblica Internacional.

Editorial Peniel
Boedo 25
Buenos Aires, C1206AAA
Argentina
Tel. 54-11 4981-6178 / 6034
e-mail: info@peniel.com
www.peniel.com

Diseño de cubierta e interior:
Arte Peniel • arte@peniel.com

Batista, José
Como liberarse del secuestro emocional : fundamentos espirituales . - 1a ed. - Buenos Aires : Peniel, 2009.
 128 p. ; 21x14 cm.
 ISBN 10: 987-557-281-0
 ISBN 13: 978-987-557-281-2
 1. Psicología. I. Título
 CDD 150

Impreso en Colombia / Printed in Colombia

Dedicatoria

Dedico este libro a mis padres, por haber sido verdaderos ejemplos del proceso de discipulado, al cuidar mi vida y la de mis hermanos en las dimensiones espirituales y materiales; son un verdadero ejemplo de vida.

A don Pedro Luna, aquel humilde zapatero que impactó mi vida y me desafió a una vida espiritual y a sacar lo mejor de mí. Él me transmitió el principio del impacto de la vida espiritual en los resultados que obtenemos y profetizó sobre mi futuro.

A Mariano González Vallejo, líder de un grupo de jóvenes del cual todos se hicieron líderes al servir. Fue maestro, mentor y consejero nuestro. Él formó y dirigió el Grupo de Plata, un grupo de adolescentes que se decidieron por una vida de estudio, trabajo y utilidad social, y que sirven en varios países como trabajadores, médicos, abogados, jueces, ingenieros, escritores, periodistas, militares y líderes de iglesias.

A todo aquel que quiera servir y amar a su prójimo como a sí mismo, y que, desde sus posiciones de psicólogos, psiquiatras, médicos, maestros, consejeros y mentores, convidan a otros de la fuente del agua de vida que ellos bebieron.

A los jóvenes estudiantes de la Ciencia de la Conducta, para que tengan un asidero espiritual al ejercer sus profesiones dentro del marco de la ciencia unida a los principios bíblicos.

Agradecimiento

Al equipo multinacional de correctores por su empeño y dedicación, no tan solo por corregir sino por evaluar y aportar para que este material sea de utilidad al sector educativo, a los padres, a los adolescentes y finalmente a la sociedad al tener ciudadanos formados con valores.

Con aprecio y respeto a:

- Laura Bermúdez correctora principal, a quien Peniel asignó para hacer la corrección de edición. Le doy gracias por, además de la corrección, su contribución conceptual y bíblica para este libro.
- La familia de Ramón Prenza, Santo Domingo, República Dominicana, quien ha estado utilizado los conceptos aquí vertidos con gran éxito.
- Esperanza Cadena, periodista de Villa Hermosa, México, quien le dio el primer repaso al material.
- La profesora Ana Maria Zampella, de Venezuela, quien contribuyó al igual que Esperanza en la primera revisión del material.

Agradezco, además, a las siguientes personas con quienes tuve reflexiones que me ayudaron a visualizar áreas críticas mientras escuchaban con atención los conceptos presentados en este material y los utilizan en sus áreas de servicio ministerial, y esperan la publicación para utilizarlo como libro de texto:

- Juan Carlos Ortega, de Cuatlitlán Izcalli, México.
- Paolo Fillión, de Medellín, Colombia.
- Sor Rosael, de Aguada, Puerto Rico.

- Sor Amada, de Yauco, Puerto Rico.
- Carmen Rivera, y a los esposos y profesores Grisel Ramos y Janer Camacho, de Yauco, Puerto Rico.
- Profesor Jaime Galarza, de Ponce, Puerto Rico.

Recomendación

Me es un placer comentar esta obra del Dr. José D. Batista, no tengo dudas de que su presentación será de gran ayuda a muchos seres humanos; especialmente en un momento en que el mundo avanza a una dimensión de crecimiento interior.

Como dije en una ocasión, refiriéndome a los escritos del Dr. José D. Batista, su pensamiento viene a llenar un espacio todavía no recorrido por la psicología. Como mentor del Dr. Batista, reconozco sus inquietudes profundas sobre el desarrollo del ser humano, por lo que sé que esta obra será un camino que muchos habrán de seguir.

–Dr. W. McWhinney
Co/Fundador del Departamento de Ciencias de la Conducta de UCLA (Universidad de Los Ángeles en California); además Co-fundador del prestigioso Instituto de Psicología y Desarrollo Humano y de Organizaciones, *Fielding Institute* de Santa Bárbara, California.

ÍNDICE

Prólogo — 11

Cómo leer este libro — 13

Intoducción — 19

CAPÍTULO I
Trasfondo espiritual — 29

CAPÍTULO II
El fundamento bíblico de la conducta humana — 39

CAPÍTULO III
Examen de vida y manejo de emociones — 73

CAPÍTULO IV
Sanidad de las heridas — 85

CAPÍTULO V
Los valores y los conflictos de las parejas — 99

APÉNDICE
David, Abigail y Nabal — 113

Bibliografía — 121

Prólogo

La esperanza y la salud espiritual y mental

La esperanza es el estado de ánimo que nos presenta como posible lo que deseamos. En la doctrina cristiana es la virtud teológica por la cual yo sé que Dios da los bienes que ha prometido. Todo individuo tiene cierto tipo de esperanza; esta es un don divino. Tenemos la esperanza de ver un futuro sublime lleno de amor, dignidad, comprensión y entendimiento; que Dios es nuestro y nosotros de él. La esperanza de todo sacrificio es visualizar que a los que Dios aman todas las cosas les ayudan a bien, que nada peregrino nos acontece, que Él estará con nosotros como pastor amante, según lo ha prometido.

La esperanza todo lo toca en nuestro diario vivir. Tenemos esperanza en el amor; en el bienestar de nuestras familias; en ser mejores individuos; en superar nuestras metas; en una paz mundial verdadera, libre de conflictos y guerras; pero sobre todo la esperanza de la resurrección y en estar con el divino Creador. Cuando se pierde la esperanza sobreviene el caos, entonces imperan las desavenencias.

La esperanza también se disfraza en múltiples ideas y, entre estas, las malignas y no malignas. Está la esperanza del político, deseando que lo elijan a perpetuidad, la del estudiante esperando triunfar, la del confinado en su libertad.

Sin embargo, hay dos esperanzas muy importantes: la esperanza de estar junto a Dios nuestro Señor por la eternidad y la esperanza de encontrar un amor verdadero para ser felices en la vida.

Las demás esperanzas son secundarias a la fe y al amor, pero no por ello dejan de ser importantes para nuestro desarrollo y desenvolvimiento cotidiano.

Si vivimos con esperanza, vivimos dentro del marco de la promesa de Dios de que el bien y la misericordia nos seguirán todos los días de nuestra vida, y que en la casa de Dios moraremos largos días.

La esperanza no se mide sino que se vive; cuando se mantiene uno se mantiene, cuando se pierde uno pierde.

–Dr. Aponte

Cómo leer este libro

Este trabajo es un proceso multidisciplinario para ayudar al ser humano en la prevención y recuperación de las heridas que causa el secuestro emocional; las que llevan a la violencia interna como la adicción, la somatización y la depresión, y a la violencia externa como el maltrato verbal y físico, y aun al crimen. El trabajo contempla los cuatro elementos críticos que inciden en la conducta de un ser humano:

Lo biológico: donde ocurren alteraciones químicas y hormonales. También observa la vida molecular donde se estudia la parte genética y de mutación que pueden incidir en trastornos emocionales.

Lo psicológico: mira los problemas de aprendizaje incorrecto en la vida, el manejo efectivo de las emociones, y las técnicas para procesar ansiedad, sufrimiento, temores y otros elementos que inciden en la conducta.

Lo psicosocial: los elementos culturales y los cambios sociales que impactan en la adaptación saludable y el crecimiento interior del ser humano.

La identidad: es el punto de encuentro del ser humano consigo mismo, en su diseño Divino. El encuentro de los valores con los que fue creado, que lo previenen de las heridas y promueven el crecimiento interior.

Para este trabajo, me concentraré en el último elemento, ya que también estoy en el proceso de incluir en otro manual los demás aspectos; un trabajo en unidad con expertos en el impacto de la genética en la conducta, psiquiatras, neurólogos y psicólogos.

Cómo sacar el mejor provecho del libro

La mejor manera de aprovechar este manual es la exploración en búsqueda de respuestas para las áreas de la vida en las que se necesita mejorar. Será necesaria la capacidad de confrontación para abrir la mente hacia nuevas dimensiones.

Los cinco pasos para la exploración
Primero, déjenme definir la palabra *exploración* en el contexto de este trabajo. La exploración es un acto de fe, de ver lo que no se ve, de darle sentido a lo que aparentemente no lo tiene. Es romper con el acondicionamiento mental que nos ata a la percepción de que el mundo en que vivo, la circunstancia en que estoy, y la persona que soy, están determinados. Es seguir un proceso por el cual descubro lo que verdaderamente soy y lo que soy capaz, al romper los límites que marca lo obvio, lo palpable y lo aceptado, para viajar junto a la fe por el emocionante y hermoso arte de vivir.

El ser humano en su interacción, sin la consideración de su identidad, es guiado por:

- La calidad de su manera de pensar, cómo la ha desarrollado, las premisas culturales, familiares y personales que han impactado la construcción del proceso de analizar y tomar decisiones en su vida personal. Es buscar la dirección de Dios por medio del Espíritu, el Maestro.

- La calidad de sus emociones. Cómo ha aprendido a manejar la respuesta emocional ante los diferentes estímulos, y cuáles han sido los factores que condicionan esas respuestas. Es armonizar nuestro amor con el amor de Cristo.

- La calidad de sus deseos o metas. Cómo maneja sus instintos, cómo quiere vivir, y qué premisas tiene acerca de su cuerpo, su persona y sus capacidades. Es aprender la obediencia por la sujeción a los valores de Dios aunque no le guste.

- La capacidad de hablarse a sí mismo correctamente. Cómo involucrarse mental, emocional y físicamente en forma positiva, de tal manera que le permita lograr lo que debe ser como ser humano autónomo, pero con responsabilidad social. Es tener La Palabra de Dios en nuestros labios, porque de la abundancia del corazón habla la boca.

El proceso de exploración va dirigido a la renovación constante de esas áreas, lo que se llama *crecimiento espiritual* o renovación de la mente, renovación de las emociones, renovación de los deseos y renovación del habla, o la manifestación en el lenguaje de lo que se es. Comenzar ese aprendizaje, implica cambiar de conducta.

El proceso tiene cinco partes, las cuales aplicaremos en cada capítulo de este manual.

1. Meditación: reformulación del pensamiento al romper con los límites que impone el cerebro.

Muchos consideran que la meditación es un ejercicio con el que, a través de la metodología de perder el contacto con la parte consciente –sea por medio de técnicas o sustancias– se liberan de los efectos limitantes del cerebro. Es bien sabido que la función del cerebro está definida en tres partes:

a. Mantenernos dentro del aquí y el ahora; conservarnos alerta a lo que percibimos para responder a los estímulos.

b. Protegernos de la multitud de información a procesar por la vista, los oídos, el olfato, el gusto, el tacto, los pensamientos; en fin, mantenernos enfocados para así ayudarnos a responder en forma ordenada a las prioridades que definen lo que es sanidad para cada uno.

c. Confiar en lo que percibimos, para buscar causa y efectos y así poder funcionar dentro de lo que consideramos realidad. Este es el campo del aprendizaje científico.

Lo anterior nos sugiere que debemos entonces buscar la forma de salir de esa trampa normativa, si queremos explorar más allá de lo que estamos condicionados.

La meditación, en la Teoría de la Identidad, es una conversación interior en la cual uno evalúa lo que aparentemente es con lo que realmente puede estar diseñado a ser, y lo visualiza con el fin de traerlo al plano de la vida diaria. No se deja hipnotizar por las percepciones de los demás, por la valoración que hasta ese momento se ha dado, sino que ve el verdadero potencial que está por desarrollarse. Es la bendición de participar de la hermosura de la transfiguración del Señor, y saber que nuestro trabajo hecho con todo el corazón se aplica al mundo. La meditación no es un estado místico, sino un punto de encuentro con la nueva dirección de Dios para uno.

2. Reflexión: renovación de las emociones. En la Teoría de la Identidad, es el proceso por el cual lo encontrado en la meditación se lo ubica dentro del plano de lo posible, para superar la situación en la cual se está en ese momento, y se ven todas las alternativas de desarrollo. Es la reafirmación de lo encontrado en el proceso de meditación que nos brinda la fortaleza para que, a pesar del sufrimiento que supone la modificación del comportamiento, tomemos el curso de aprendizaje.

3. Decisión: renovación de los deseos. Es afirmar la voluntad para procesar el costo emocional de hacer realidad, lo que se es. Este es el punto que diferencia al que aprende del que dejó de aprender y, por consecuencia, el miedo a sufrir lo coloca en el ciclo de sufrimiento, pues es algo así como quedarse atrapado con las llaves en las manos. Es también la ansiedad de pensar que puede hacerlo, pero le falta voluntad. Muchos de nosotros conocemos la historia de aquel aguilucho que, en una práctica de vuelo, se le cayó a la madre en un gallinero. Se crió con polluelos y creyó que era un pollo, pero dentro de sí se conmovía cuando veía al águila volar, y decía: "oh, si yo pudiera hacerlo!". Un día comentó a sus hermanos polluelos: "¡algún día volaré de esa manera! Me remontaré". Pero los polluelos le decían: "naciste para tener alas y elevarte, pero no para volar tan alto". Hasta que un día salió de la meditación hacia la reflexión y se trepó en lo alto de un árbol para lanzarse, aunque se sentía incapaz, tuvo dudas y miedo –elementos que impiden remontar el vuelo del alma– sin embargo, se *decidió* (la palabra que determina el pagar el precio del sentimiento de incapacidad, de la duda y del miedo). Para su propia sorpresa, llamó el lanzarse a volar, que le decían que no era, como si fuese... y remontó vuelo.

4. Reafirmación: renovación del habla. Es una declaración del deseo de comprometerse a trabajar en algo específico que quiere y buscar la ayuda necesaria para lograrlo.

5. Reencuentro: armonización espiritual. Es entrar en comunión con la propia identidad para encontrar fortaleza para seguir volando, para reafirmarse de acuerdo a sus principios y encontrar el sustento, para fortalecerse día a día. Es como si se conversara con un padre amoroso; como si supiéramos que el Águila está volando al lado nuestro. No es un proceso de codependencia. Dios puso en mí la capacidad delegada de volar, de tomar responsabilidad por mis actos, mi mayordomía y mi vida. Es sentir la compañía.

Tenemos el potencial, en Cristo Jesús, para evitar la codependencia y dejar de vivir vidas mediocres, hemos sido llamados a transformar nuestra vida y nuestro entorno.

Introducción

En la década de los 80, impartí clases en el programa de Doctorado en Ingeniería y Gestión Administrativa en la Universidad Central de Artes e Ingeniería de Francia, en Chatenay-Malabry. Esta Universidad fue fundada por Napoleón Bonaparte y gradúa altos ejecutivos de las empresas francesas. El Dr. Oscar Ortsman, uno de los pioneros en Europa del concepto sociotécnico creado por el equipo de Eric Trist, en el Instituto Tavistock de Londres –que hoy se conoce como *reingeniería*– inauguró el Programa de Transformación Empresarial, en dicha Universidad, y me invitó a crear un curso para enseñar a los ingenieros de Sistemas cómo diseñar organizaciones alrededor de la tecnología. Para ese proyecto, fui cedido por la Corporación Digital, donde me desempañaba como Director Mundial de Planeación Estratégica de Negocios, y miembro del equipo a nivel mundial de Gerencia de Servicio Técnico y de Consultoría. Durante cuatro años estuve ofreciendo este curso, en forma de taller.

En ese tiempo yo era miembro del Equipo de Investigación Psicosocial sobre Cambios del Dr. Harold Bridger, cofundador del Instituto Tavistock, y estábamos involucrados en entender el impacto inminente de los cambios en el ser humano. Yo lo apoyaba también en la consultoría para el cardenal Mario Pucci, en la formación del equipo de trabajo para la terapia de recuperación de las adicciones del Centro Casa del Sole, en Roma.

Producto de mi trabajo tanto en Tavistock como en la Escuela Central de Ingeniería, a mediados de esa década, escribí el libro *Reingeniería humana*. Pedro Martínez, en ese entonces gerente de la fábrica de Intel en Puerto Rico, adquirió ese libro.

En el verano de 2006, el ingeniero Eduardo Baez, Gerente General de LifeScan, de Johnson & Johnson a nivel mundial, división que se dedica a la manufactura de los medidores de glucosa, y también presidente de la Asociación de Manufactureros del Noroeste de Puerto Rico, me invitó a impartir a todos los gerentes miembros y sus familias, la conferencia: "Transición generacional, familia, valores y salud mental".

El señor Pedro Martínez asistió a esa conferencia con su familia. Luego, como gerente de la planta Celestica, en Aguadilla, Puerto Rico, que subcontrataba la producción de los estuches de tinta para las impresoras Hewlett Packard, me invitó a dar una serie de talleres sobre Valores y Cambio para sus gerentes.

Al llegar a su oficina de Celestica, fue una gran sorpresa para mí cuando el señor Martínez me presentó un cuadro hermosamente preparado, que puso en sus oficinas en Intel, y ahora en las oficinas de Celestica, que decía:

El esquema de éxito del ser humano es un producto de:
- La calidad de sus pensamientos (cuando son regulados por el valor de la *integridad*).

- El equilibrio de sus emociones (cuando son reguladas por la *dignidad*).

- El esfuerzo en alcanzar sus metas o deseos (cuando son regulados por el valor de la *libertad*).

- La fortaleza de su convicción interior basada en los valores, los cuales le proveen la capacidad de involucrarse en lo que habla, a través de una conducta de compromiso en lo que hace.

Extraído del libro Reingeniería humana, del Dr. José D. Batista.[1]

Ese esquema yo lo había sacado de los conceptos del apóstol

---

1 Las expresiones entre paréntesis se las añadí para el propósito de este trabajo.

Pablo, quien señala que crecer a la imagen del Creador es la renovación constante de la mente, las emociones, y la conducta (Efesios: 4-5 y Filipenses 4).

Quiero retomar el mensaje de esa memoria tan hermosa para enmarcar la reflexión que quiero hacer con ustedes.

Premisa

En el proceso de crecimiento el ser humano es atado emocionalmente por las circunstancias que lo rodean y por las personas que no ejercen los valores y transfieren el sufrimiento indebido a los que consciente o inconscientemente se apoderan de los mismos.

Hemos encontrado que los problemas serios de conducta pueden tener razones médicas poderosas, pero también muchos parten de situaciones de rencor, de ira, de amargura, de tristeza, producto de heridas emocionales no negociadas o reconciliadas apropiadamente. Estas situaciones han atado a hijos, hijas, esposos, esposas, padres, madres pasándoles esas emociones destructivas, inhabilitándolos a funcionar en forma efectiva y convirtiéndolos en adictos potenciales, fracasados e incapaces de sostener una relación familiar funcional.

Es de vital importancia que el ser humano recapacite en los conceptos de sufrimiento, poder de vivir y secuestro emocional

Objetivo

Reconocer el poder del secuestro emocional sobre nuestro sufrimiento.

El poder de amarnos como Dios nos ama

Todos los seres humanos tenemos dentro las respuestas necesarias para manejar las emociones y sacar lo mejor de nuestras vidas.

El problema tradicional ha sido la incapacidad de tomar en cuenta el autoevaluarnos, la proyección hacia los demás de la responsabilidad de nuestras emociones y las situaciones por las cuales pasamos antes de tener una clara idea de nuestro desarrollo. Esto que incidió en las grabaciones neurofisiológicas de emociones y reacciones que nos condicionaron en forma inconsciente.

Por otro lado, hemos tenido una referencia incorrecta de los valores, pues los hemos confundido con las normas o reglas de comportamiento social, que son apoyados por la ley para establecer parámetros de conductas correctas y para preservar los derechos del ser humano. El poder del amor contenido en los valores de la identidad, constituye la referencia de desarrollo interior que nos facilita el procesar los estímulos externos, y la valoración del otro ser humano para reaccionar emocionalmente correctos y mantener relaciones afectivas ricas.

Los valores son, además, la expresión del ser, lo que nos facilita poder cumplir con las normas y las leyes partiendo de lo que somos. Son también:

- Referencias internas para cumplir con las normas.

- Referencias internas que nos indican a qué altura estamos de nuestro desarrollo.

- Referencias internas para procesar estímulos que nos podrían herir o hacer reaccionar basados en los instintos o en lo que el otro nos hizo.

Los valores son el punto de encuentro con el otro ser humano para poder llevar relaciones afectivas. Cuando no existe una relación correcta entre estímulos exteriores y valores, se puede producir el secuestro emocional.

EL SECUESTRO EMOCIONAL

Es un estado psicológico que me impide sentir por mí mismo(a) porqué alguien en un momento dado me dio un estímulo negativo

Introducción

que me robó la capacidad de valorarme, considerarme, apreciarme, reconocerme, y esto se quedó en mí como una herida emocional.

En el apéndice haré un análisis de un caso en La Biblia, que no ha sido entendido a la luz de este concepto. Esta falta de entendimiento no le permitió a muchos liberarse de ataduras que los llevaron a la rebeldía, al divorcio y a vidas cristianas infelices, y –en muchos casos– al deterioro de la salud mental, al suicidio, al crimen, a la cárcel o al cementerio.

La herida emocional es un vacío profundo que me hace olvidar de amarme, de los logros que tuve, de las capacidades que tengo, y disminuye mi resistencia. Es un silencio doloroso que luego estalla en rabia, tristeza, amargura, y en pensamientos de rechazo inconsciente a cualquier persona o situación que me dé un estímulo que inconscientemente me conecte a la herida.

Pudo existir la intención original de la otra persona de esclavizarme emocionalmente, o no. Quizás ella carecía de capacidad para relacionarse efectivamente o era insensible, y la herida me la produjo por mi falta de crecimiento interior y mi desconocimiento de lo que constituía mi identidad.

Una persona herida me comentó, al ser traicionada por alguien a quien amaba, respetaba y confiaba, que:

–El sufrimiento de la herida lo desplacé en varias direcciones; una fue el hacerme daño físicamente al somatizar el sufrimiento en enfermedades otra fue, entronar un enojo inconsciente, que lo desplacé en peleas, insatisfacción, y lo proyecté en otras personas. Todo es me llevó a la búsqueda de un placer para calmar el sufrimiento, lo que me condujo al consumo de algún tipo de droga.

La paradoja de esa droga, sea alcohol, cigarrillo, enervante, alucinógeno o una persona a quien se entrega la voluntad, es que cuando pasa la acción, se vuelve a sufrir nuevamente. Ya el estímulo inicial desapareció pero, al conectar el sufrimiento a la droga, en el momento que pasa el efecto de la misma se vuelve a sufrir, por lo que la persona se hace adicta al sufrimiento; sufre por no querer sufrir.

La droga −sea lo que fuera−, esclaviza de tal manera, que dirige la voluntad a hacer lo que uno no quiere, hasta robar, por ejemplo, para suplir alivio al sufrimiento.

−¡Qué paradoja! −me dijo la persona− ahora estoy sufriendo por no sufrir, porque me he dado cuenta de que soy adicto al sufrimiento.

Este material busca ayudar al ser humano para encontrar el punto donde se quedó atrapado en las reacciones emocionales, al no tener como parámetro su identidad, la que lo capacita para ejercer sus valores internos.

Cuando los valores no se han desarrollado en forma consciente, son impactados por distintas experiencias a lo largo de la vida, y detienen el crecimiento interior del ser humano. Esos impactos lo producen personas que no ejercieron correctamente los valores.

Las heridas que recibe ese ser humano son el fundamento sobre el cual establece las premisas con que se relaciona con las otras personas. Muchas veces proyecta sus heridas en la incapacidad de relacionarse efectivamente, y se esconde en la culpa como elemento para calmar inconscientemente su sufrimiento, ya que descubrió en el otro −según esta persona−, lo que piensa que es la causa de su herida emocional. (Cuando se recibe una herida emocional, donde hay violación implícita a derechos, uno debe manejar sus emociones, pero también debe reclamar su derecho).

La persona herida busca una forma racional de dar sentido a su estado emocional. Ese estado emocional racionalizado reemplaza, inconscientemente, a la persona verdaderamente responsable de la herida y la proyecta hacia cualquiera que le provoque un estímulo que inconscientemente la conecte con quien causó la herida y la hace culpable de su sufrimiento.

La persona que conserva la herida y la proyecta en otros, mantiene una actitud de autocompasión y quiere que los demás, en forma inconsciente, también se compadezcan de ella. Esa situación se convierte en lo que se llama "el juego de la víctima", en el que la persona herida, al sentirse víctima, comienza a buscar quien la acompañe en ese viaje.

Introducción

Identificarse emocionalmente con la proyección que hace el papel de víctima herida, sin tener referencia de dónde le vino la herida, es también una forma de esclavitud emocional, porque la persona herida le traspasa la herida al que se apodera de ella.

La persona que recibe el traspaso, inconscientemente comienza a vivir la vida de quien le transfirió la herida y, muchas veces, le sucede lo mismo que le ocurrió a la persona con la cual se identifica.

En otras palabras, comienza a vivir la vida de la persona herida, y hasta llega a no aceptar a las mismas personas que rechaza quien le traspasó la herida. Este es un problema profundo en el seno familiar, donde algún(os) de los hijos se identifican con aquel miembro de la pareja que juega a la víctima.

Con la persona herida hay que tener empatía. La empatía es aceptar que la persona herida requiere aprecio, trato, valoración, pero eso no implica tomar partido con ella.

Debido a que la persona herida juega a la víctima, quien no se deja atrapar, puede pasar como insensible. Es una situación muy difícil, pero uno no puede delegar su plenitud de vida a la amargura de otro.

En el caso de la víctima, la mejor ayuda que se le puede dar, es asistirla a encontrar dónde se quedó bloqueada, qué le produjo el daño y ayudarla a superarlo, o buscarle ayuda profesional para que lo supere, de otro modo, si se le alimentan las heridas puede hacérsele más daño.

La autoherida en la adolescencia

Se produce cuando una persona, sobre todo durante la adolescencia, decide tomar un rumbo de vida basado en símbolos sociales, las amistades y la presión de grupo, y olvida las normas del hogar o las normas sociales, de este modo comienza un estilo de vida que le causa problemas de relaciones en el hogar, en la escuela y con todo aquello que le demande autoridad, disciplina y orden. Por lo regular, estas personas confunden el concepto de libertad con el hacer "todo lo que se le venga en gana", comienzan una conducta antisocial, y muchas veces con consumo de drogas, que poco a poco debilita su carácter.

Destaco esta etapa por lo importante que es, porque el joven está buscando su identidad. Pero, por regla general, en cualquier etapa de la vida, si no se tiene consciencia de los valores o no se desarrollaron efectivamente se produce la herida.

Una aclaración

Le pedimos que entre con mucha apertura y con el deseo profundo de encontrar una solución. Este material es de contenido espiritual, no religioso, puesto que considera a todo ser humano una creación de Dios, con todo el potencial interno para reconciliar su vida con su Creador y entrar en una dimensión profunda de salud interior, que lleva a una vida de libertad con responsabilidad. Muchas veces las personas consideran religioso un material por el simple hecho de que tiene citas bíblicas, compuestas de capítulos y versículos, obviando los principios involucrados que nacen de la realidad del ser humano en su diario vivir, porque La Biblia es un libro de narraciones para aprender, de principios para vivir y de poder para crecer, además de tener rigor científico como para ser un libro de consulta.

Por otro lado, existe la persona religiosa, que también obvia los principios y se aferra a la cita, sin hacer conexión entre lo que lee y la realidad práctica de la vida; la sabe citar, pero no la puede vivir. La Biblia fue escrita sin capítulos ni versículos, se ordenó así para que podamos ubicar lo leído, pero capítulos y versículos no le añaden poder mágico; más bien, en muchos casos, La Palabra es contaminada por el orgullo de quien la sabe citar pero carece de amor y misericordia para esperar que el Espíritu ilumine a quien lee o escucha, y quiere forzarlo a creer, olvidando que quien convence al mundo de pecado, de justicia y de juicio es el Espíritu Santo. La Palabra es como la semilla: se siembra con amor y se riega con esperanza, pero uno no la puede hacer crecer. Dios es un caballero que le da a cada ser humano la libertad de aceptación y por medio de su Espíritu habla a su corazón para que entienda, pero no lo fuerza a tomar una decisión.

Introducción

Te pido que cuando leas los textos te concentres en el aprendizaje, en lo que puedas aprovechar para tu vida, en la enseñanza contenida, en la veracidad de los resultados por su aplicación.

Este material puede leerse en pareja, siempre y cuando se tenga la intención de aprender, amar, conciliar y poner metas de crecimiento mutuo, no de buscar puntos para culpar o para justificar conductas cuando no exista un deseo sincero de corregir el rumbo y de encontrar el poder de autoamarse.

Feliz viaje.

Capítulo I

Trasfondo espiritual

Premisa

La Biblia contiene los elementos que muestran el diseño del hombre por Dios. Si Él lo hizo sabe cómo funciona, y su Palabra contiene ese conocimiento. Lamentablemente, muchos cristianos han ido a la psicología para encontrar nuevos conceptos con el fin de tratar de resolver los problemas del ser humano, sin darse cuenta de que muchos de esos conceptos fueron sacados de Las Escrituras. Es necesario darle el reconocimiento debido a la misma, como lo expresa Harold Mosack del Instituto de Psicología Adleriana de Chicago, en su exposición en el congreso sobre teorías terapéuticas[1]. La ciencia tiene su valor, pero sin los conceptos de La Biblia se queda en la unilateralidad conceptual sin buscar el fundamento que le sirve de base: los valores de referencia a las necesidades del ser humano, que tienen la respuesta para procesar esas necesidades en forma correcta. Esto no quiere decir que la psicología no funciona, pues tiene áreas que son de gran utilidad, tal como los métodos de evaluación de la conducta, los procesos de terapia como ayuda para encontrar áreas de problema, la solución de conflictos de relaciones, y en el área médico-psiquiátrica para estabilizar procesos químicos, pero no pueden transformar al ser humano.

---

1 Citado por Zeig, G. y Munion, M. en su libro *¿Qué es psicoterapia?*, 1990.

En el DSM-IV[2] se hace un análisis sobre la religión y las enfermedades mentales y hay señalamientos importantes, entre ellos:

- A diferencia de las enseñanza de Albert Ellis, quien señalaba que los pacientes mientras menos religiosos fueran más saludables resultaban, los últimos estudios demuestran los contrario.

- Un estudio sobre depresión, ansiedad y otros desórdenes de la personalidad encontró que no existe diferencia entre los religiosos y no religiosos para sufrir estos problemas.

- Un estudio de más de mil seiscientos casos reveló que tanto en problemas mentales como fisiológicos la práctica religiosa está altamente relacionada con la recuperación de los pacientes.

- Los pacientes psiquiátricos que van a la iglesia y oran, se recuperan más rápido que los que no lo hacen.

Es también importante señalar que los primeros y más eficaces centros de recuperación de adictos se han basado en procesos espirituales; entre ellos: Alcohólicos Anónimos, Daytop, Teen Challenge, y otros.

A medida que avanza la ciencia neurológica, más se descubre el impacto de la socialización y el desarrollo interior como elementos que alteran el funcionamiento de las neuronas en la actividad de los neurotransmisores que inciden en la conducta humana.

El comprender la dimensión bíblica de la conducta humana en toda su extensión, puede ayudar, no tan solo a los cristianos, sino a los científicos a dar una nueva mirada a las teorías de la conducta humana.

---

2 *Manual de Diagnóstico Estadístico para el tratamiento de enfermedades mentales* de la Asociación Americana de Psiquiatría, Lección 4 sobre la religión y los problemas espirituales, 1990.

Objetivo

Ayudar a los cristianos y a los expertos en conducta, identificar los fundamentos bíblicos que sirven como marco de referencia para el desarrollo de los valores que son útiles para la armonización de la salud mental y espiritual.

HIPÓTESIS

Para que algo sea reconocido como científico debe someterse a la experimentación partiendo de una hipótesis. La hipótesis que sostengo, es que una persona con valores definidos tiene emociones afectivas que le facilitan procesar los estímulos exteriores, teniendo así la capacidad de bloquear las heridas que otras personas, ellas mismas heridas, intentan provocarle. Por lo tanto, una conducta positiva, sana, es más predecible en quien ha desarrollado sanamente su identidad. A las personas que no han desarrollado su identidad, sus emociones reactivas les impiden procesar efectivamente los estímulos exteriores, por lo tanto estarán más propensas a las heridas emocionales. Su conducta es impredecible, en la mayoría de los casos.

Es importante considerar que en el pasado la mayoría de las enfermedades en los países desarrollados eran de origen infeccioso: tuberculosis, disentería, cólera, diarreas, malaria, neumonía, etc. Hoy las enfermedades están altamente relacionadas con problemas emocionales; y estos, a final de cuentas, son situaciones de índole espiritual.

Aunque cada día se reconoce más el valor de la parte espiritual en la salud física y mental del ser humano, hasta el momento no existe una metodología definida para trabajar en esta área. La Teoría de la Identidad, que he patentizado y que ya se usa en la prevención de adicciones y como complemento educativo en la rehabilitación de adictos, así como en los procesos terapéuticos con resultados probados, es una herramienta que tiende a llenar, en forma no religiosa, la falta de una guía de intervención espiritual que pueda ser utilizada por la ciencia de la conducta.

Es importante identificar dónde se ubica la Teoría de la Identidad que sirve de marco a este trabajo, al separar tres elementos que se entrelazan en esta dimensión y un cuarto que es la identidad del ser humano:

El elemento místico. Que se refiere a experiencias trascendentales que inciden en la percepción del ser humano y que alteran su estado de conciencia.

El elemento religioso. En esta área el ser humano puede experimentar un cambio cualitativo de vida al anclar la experiencia a la fe. No obstante, cuando el legalismo es parte del control del ser humano, puede producirse una disociación debido a las reglas normativas impuestas a la conducta del ser humano. Ese legalismo puede incidir en problemas de adaptación cuando la persona resiente los aspectos normativos del mismo. En esta área se pueden crear problemas de relaciones personales, productos de la rebeldía contra el sistema, o la obsesión incorrecta con ciertas prácticas doctrinales (tal fue el caso de Jim Jones, en Guyana).

Un error en que incurren muchos psicólogos y psiquiatras es que, al no entender la diferencia entre valores y normas, ven en el legalismo valores religiosos que pueden afectar la salud, y por eso muchas veces han rechazado el aspecto religioso en la terapia. El valor es *ser*, la norma es *hacer*. La religión, cuando no incluye la identidad liberadora, se convierte en un sistema de normas.

El elemento místico-espiritual. De acuerdo a varios de los expertos, como Estanislav Grof, George Gurdjieff, Deepak Chopra y otros de la misma escuela, el elemento místico espiritual corresponde al desarrollo interior del ser humano, en conexión con dios místico y universal. Aquí entra toda una suerte de exploración, que incluye la mística, la conciencia y todo lo que lleve al ser humano a un proceso evolutivo o cierta especie de darwinismo espiritual. En este espacio, el elemento cultural junto a las prácticas animistas, espiritistas y toda suerte de concepción espiritualista, son tomados en consideración para el tratamiento terapéutico. Esta es realmente una Babel terapéutica.

La identidad. Este elemento parte del entendimiento de que el ser humano, además de ser un ente biológico, social y cultural, tiene su identidad espiritual. Pero esta dimensión espiritual está ligada al hecho de que fue creado a la imagen de Dios. Este pensamiento libera al hombre de la esclavitud de experiencias místicas, del sufrimiento de los impulsos biológicos, de la presión social y del acondicionamiento cultural, llevándolo a un proceso de desarrollo a la imagen de quien lo creó.

El reencuentro del ser humano con su identidad comienza al tomar conciencia de la realidad de haber sido creado a la imagen y semejanza de Dios y continúa con el encuentro con Cristo. Esta posibilidad está abierta a todo ser humano sin distinción de creencia, raza o nivel social, pues le ayuda a retornar a los valores con los que fue creado, dándole la posibilidad de formarse mediante la renovación de su entendimiento y dando así inicio a un nuevo proceso de aprendizaje que:

- Renueva su manera de pensar (Efesios 4:22-24).

- Rompe con sus ataduras emocionales (1 Corintios 2:6-16), y produce la capacidad de renovar las emociones (Gálatas 5:16-26).

- Produce la renovación de los deseos. Produce un nuevo lenguaje y, en consecuencia, relaciones efectivas.

Este proceso de renovación está dirigido por la inteligencia espiritual o de la identidad. La falta de desarrollo del aprendizaje intelectual nos impide evaluar de manera efectiva las situaciones que enfrentamos. No poder entender la inteligencia emocional nos lleva a destruir nuestro propio cuerpo. No desarrollar la inteligencia de la identidad, equivale a renunciar a nuestro ser, y esto nos conduce a actuar bajo los impulsos de los disparadores de las emociones, de nuestros instintos y de los condicionadores sociales, quedando a merced de las heridas y el deterioro físico-emocional que experimentamos.

Un análisis efectivo, de las diferentes perspectivas del desarrollo humano, amerita establecer los parámetros de identidad, pues estos son el fundamento sobre el cual se puede establecer un proceso correcto de desarrollo. Para ello debemos diferenciar entre los conceptos tradicionales de identidad:

Identidad biológica. La identidad biológica determina la especie a la cual pertenece la criatura. La especie humana se compone de hombre y mujer. En esta dimensión las premisas son: defender el territorio y existir.

Identidad social. La identidad social está ligada a las relaciones efectivas y al tener aceptación de los demás.

Identidad cultural. Esta se establece en la nacionalidad y en la capacidad de adaptarse progresivamente a los valores de la cultura. La adaptación es esencial, de otra manera se pasa a formar parte de las subculturas.

Identidad del ser. Se da cuando la persona reconoce su realidad espiritual, que transciende los aspectos biológicos, de relaciones y cultura, y comienza un proceso de desarrollo interior que conduce a la recuperación de la imagen y semejanza del Creador que lleva en sí misma.

Tomando en consideración los elementos anteriores es que se establecen las siguientes premisas de desarrollo, de acuerdo a la cosmovisión que se tenga. Con el fin de comprender qué hacer desde el punto de vista del desarrollo del ser humano, existe una serie de teorías que trabajan en las dimensiones de maduración biológica y de motivación. Algunas de estas son:

Maduración biológica. En este aspecto, el proceso consiste en desarrollar la habilidad psicomotora y funcional para operar en los años de la niñez a la adolescencia.

Debe entenderse que el concepto de desarrollo en esta área representa la capacidad para cumplir determinadas tareas, en las que entran en juego la parte motora y también la parte psicológica. La lucha interior de un ser humano consiste en buscar el placer y evitar el dolor. La energía psicológica está concentrada en llenar las necesidades existenciales. La forma del comportamiento tiene que ver con suplir las necesidades básicas y dar refuerzos negativos o positivos; por lo cual el proceso es de maduración psicobiológica para tener la capacidad de realizar las tareas que van conformando las etapas de crisis o momentos de transición hacia una conducta superior. Por ejemplo, pasar del egoísmo de la primera edad a compartir con otros niños o socialización.

Desarrollo social. En esta área, el proceso de maduración corresponde a la capacidad de socialización que se da en la familia, en los grupos y en la sociedad. Esta corresponde a las teorías humanistas.

El desarrollo del individuo toma como referencia la imitación de roles, mirarse en el espejo de otras personas y adoptar los modelos que satisfacen sus deseos. La lucha del individuo, en su etapa que va de la niñez a la adolescencia, es ser independiente, obtener su individualidad. Sus necesidades fundamentales son: ser aceptado como es, y actuar de acuerdo con su ego. Aquí la motivación externa juega un papel fundamental cuando la persona siente que se respeta su estima, que se la aprecia y que se le da el reconocimiento debido. Lo importante es mantener el balance de los refuerzos utilizados en el proceso de maduración biológica, junto con la motivación necesaria en el proceso de desarrollo social del adolescente.

La falta de mantenimiento de ese balance puede llevar al adolescente a lo que se conoce como rebeldía, y que más tarde explicaremos como la manifestación de la búsqueda de su identidad.

Existen diversas teorías que tratan de explicar y ayudar al ser humano en esta etapa de transición, tanto para explicar la formación de la persona como para motivarla y apoyarla en su transición. Estas teorías buscan ayudar al ser humano en sus procesos de relaciones interpersonales, haciendo más efectiva su comunicación y mejorando el funcionamiento en sus relaciones, así como también en los aspectos motivacionales necesarios. Algunas de estas son:

1. *Desarrollo cultural.* En este proceso, el ser humano aprende la asimilación de los valores, normas y símbolos de la cultura. Corresponde a las teorías fenomenológicas.

En este espacio, la cultura impone la adaptación de la conducta del individuo en acuerdo con los valores y las normas prevalecientes, aquí los símbolos culturales juegan un papel predominante. La salida del adolescente y del joven es hacia la creación de subculturas que les permitan el ejercicio libre de sus necesidades. Ese fue el caso de los *hippies,* sus vestimentas y otras posiciones subculturales. Tradicionalmente la motivación cultural es hacia lo que se define como éxito, logro y realización. Por lo tanto, el ser humano se inclina a favor de lo que da resultado dentro de su cultura.

Debido a que la cultura es cambiante, siempre se producirán crisis de identidad cultural; esto se debe a que la cultura emergente entra en conflicto con los valores sociales tradicionales y apela a las necesidades fisiológicas y del ego de la persona en transición. Existen diversas teorías que explican la conducta del ser humano de acuerdo a la adaptación cultural y que motivarían al ser humano a la adaptación.

2. *Desarrollo de la identidad.* En este espacio tenemos al ser humano reencontrando su identidad en el Creador y creciendo a su imagen. Aquí no hay refuerzo, motivación o adaptación que deban ser adquiridos, se trata de crecer; la dinámica es interior, la respuesta no es el resultado de la obediencia a los estímulos exteriores, solamente.

El desarrollo espiritual se da mediante el reconocimiento de los valores fundamentales: dignidad, integridad y libertad, con los cuales fuimos creados, y que discutiremos más adelante. En esta evolución, el ser humano va desarrollando su manera de pensar, de sentir, de desear y de comunicar, en conformidad con la imagen de Dios presente en él. Los valores llevan a desarrollar el amor que impactará las relaciones y proveerá para el incremento de la compasión del ser humano ante la necesidad de sus semejantes.

A diferencia de los otros conceptos, en la Teoría de la Identidad, el desarrollo está basado en el potencial que ya existe en el ser humano y que lo apodera para funcionar efectivamente en cualquier transición, para reencontrar lo que es con relación a su Creador, para armonizar su vida interior con las demandas exteriores y revalorizar su ser a la luz de la nueva dimensión de vida.

Este libro se enfoca en este último concepto del *desarrollo de la identidad espiritual* que ha sido ignorado por la psicología tradicional. Aquí se propone, por lo tanto, una alternativa de desarrollo bajo el concepto de *psicología de la identidad*; una propuesta útil para ayudar al ser humano a que viva una vida más abundante. La proposición, no es religiosa, ni está ligada a ninguna denominación religiosa. Tampoco tiene como finalidad establecer un condicionamiento religioso en la persona, sino que está orientada a la liberación resultante cuando la persona descubre su identidad.

Este libro también representa un esfuerzo para rescatar los valores fundamentales del hombre como creación de Dios.

Capítulo II

El fundamento bíblico de la conducta humana

Si Dios creó al hombre Él sabe cómo arreglarlo. Reconozco que pueden haber muchas metodologías para tratar de resolver los problemas del sufrimiento del ser humano; no obstante, existe un diseño original que nos ayudará a entender el proceso a seguir. Esto nos ahorraría muchas suposiciones subjetivas sobre la conducta humana; sobre todo por el papel que juegan el ambiente, la cultura, las relaciones y lo biológico, que si bien no son el origen del problema, constituyen los efectos visibles y la posibilidad de readaptación.

Permítanme introducir aquí algunas definiciones fundamentales, antes de ir al origen del problema.

Cambio: Situación que hace un reto a lo que pienso con relación a la vida, a mí mismo y a los demás.

Transición. Estado emocional que me invita a buscar lo mejor de mí para seguir viviendo, o me ancla al suceso y puede producir ira, tristeza o amargura.

Crisis. Estado emocional que permanece cuando no he podido hacer la transición al encontrar el significado del momento, y me quedé suspendido en el pasado de culpa, en el presente de ansiedad y en el futuro sin esperanza. La salida a la crisis comienza cuando al preguntarme qué debo aprender de la situación, comienzo a buscar alternativas diferentes al anclaje del pensamiento y la emoción en la no aceptación del suceso que produjo el cambio.

Sufrimiento. Inhabilidad emocional para procesar la ansiedad que produce el miedo a aprender y a crecer sin desplazar el sufrimiento hacia la culpa, buscando un escondite para la justificación, para lo que sentimos, lo que nos hiere, lacera y nos conduce a la somatización, a la autoenfermedad, al ataque, al desplazamiento de la violencia interna o a la adicción; en definitiva a la búsqueda de un placer para procesar el sufrimiento. La adicción elimina el estímulo original y lo coloca en la dependencia de la droga. Por no sufrir tomé droga y ahora olvido la causa por la que sufría, pero sufro si no tengo la droga. Lo que nos hace pensar que el ser humano no es adicto a las drogas, sino al sufrimiento, y el sufrimiento es un estado de violencia interior, destructiva.

Sufrimiento en las relaciones. Cuando el sufrimiento viene por causa de las relaciones, lo podemos definir de la siguiente forma: es un regalo indeseado que una persona con ira, amargura y con deseo de castigo y destrucción, le hace a otra persona, para tenerla en un estado de esclavitud que satisface su deseo. En esta circunstancia, el que envía el regalo se goza y el que lo recibe se autodestruye, y lo más sorprendente es que la persona que recibe el regalo tiene toda la definición correcta de quién es la otra persona: la llama inservible, mala, desconsiderada, abusadora. Si le preguntas a la persona que sufre cómo está la persona que le envío el regalo, te dirá que muy contenta de que ella sufre; en otras palabras, el sufrimiento de la persona herida es tan solo una recompensa para quien la hace sufrir.

Con estas definiciones que iremos aclarando a medida que vayamos analizando este material, vamos a ver cómo nace el sufrimiento, la conducta y los problemas de salud mental del ser humano. Para ello seguiremos el diagrama de la figura más abajo.

El fundamento bíblico de la conducta humana

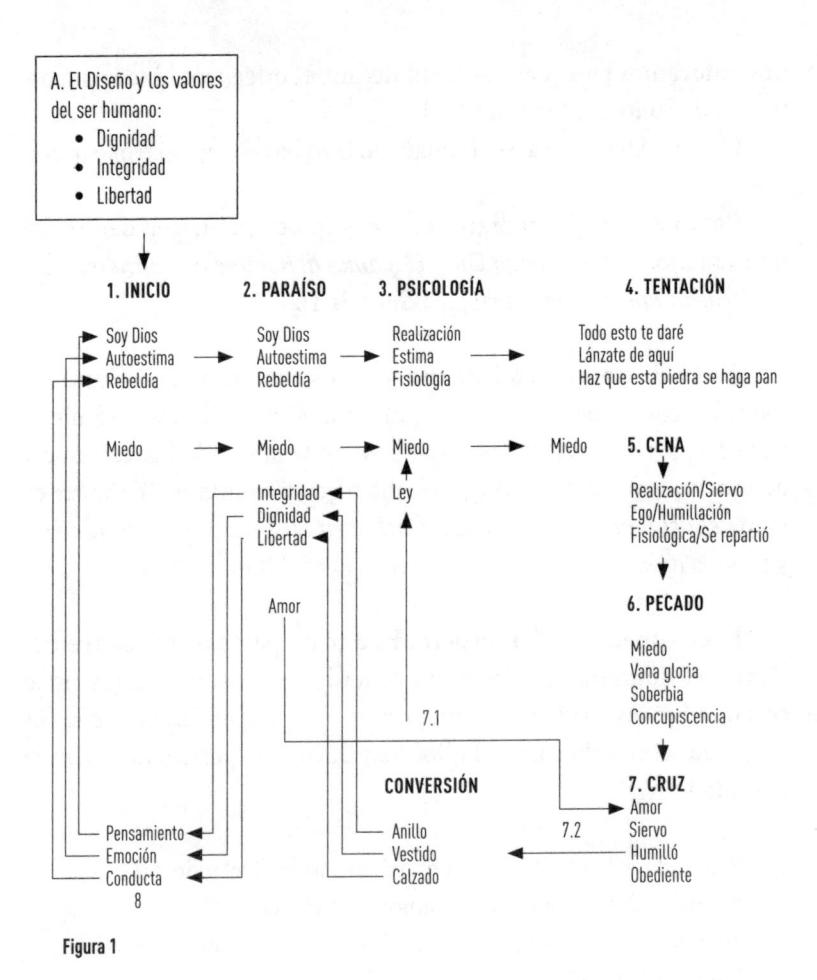

```
A. El Diseño y los valores
del ser humano:
  • Dignidad
  • Integridad
  • Libertad
        │
        ▼
   1. INICIO        2. PARAÍSO       3. PSICOLOGÍA         4. TENTACIÓN
   ► Soy Dios       Soy Dios         Realización           Todo esto te daré
   ► Autoestima  →  Autoestima  →    Estima           →    Lánzate de aquí
   ► Rebeldía       Rebeldía         Fisiología            Haz que esta piedra se haga pan

     Miedo     →    Miedo       →    Miedo        →   Miedo    5. CENA
                                                                    ▼
                    Integridad ◄     Ley                       Realización/Siervo
                    Dignidad ◄                                 Ego/Humillación
                    Libertad ◄                                 Fisiológica/Se repartió
                                                                    ▼
                    Amor                                       6. PECADO

                                                               Miedo
                                                               Vana gloria
                                                               Soberbia
                                       7.1                     Concupiscencia
                                                                    ▼
                                    CONVERSIÓN                 7. CRUZ
                                                               ► Amor
     ─ Pensamiento ◄                 ─ Anillo        7.2       Siervo
     ─ Emoción ◄                     ─ Vestido       ◄         Humilló
     ─ Conducta ◄                    ─ Calzado                 Obediente
        8
```

Figura 1

EL DISEÑO DEL SER HUMANO

Vamos a analizar la parte A. de la figura 1. La formación del ser humano ha estado ligada a los conceptos de maduración, socialización y cultura, teniendo en cuenta los valores y las normas; pero ninguna de las teorías se enfoca en el origen del ser humano, en su dimensión espiritual, donde descansa la clave para poder establecer un proceso de desarrollo acorde con la identidad del mismo. Esto es importante, porque cuando se trata de la manifestación visible de la personalidad nos enfocamos en la conducta sin definir el origen de la misma partiendo de su identidad espiritual.

Cuando Dios creó al ser humano lo hizo basado en un triple pacto:

Pacto de imagen o dignidad. Dios colocó su imagen dentro del ser humano. *"Entonces dijo Dios: Hagamos al hombre a nuestra imagen, conforme a nuestra semejanza..."* (Génesis 1:26).

Pacto de dominio o integridad. Dios entregó a ese ser humano todas las cosas que había creado. Él sería el mayordomo o administrador de los bienes de Dios, basándose en la integridad de reconocer de quién provenía todo lo que estaba bajo su dominio. *"Y señoree en los peces del mar, en las aves de los cielos, en las bestias, en toda la tierra y en todo animal que se arrastra sobre la tierra"* (Génesis 1:26).

Pacto de libertad o respeto. Es este un pacto de relación entre Dios y el hombre, basado en un acuerdo de respeto a la dignidad con que fue investido y a la integridad de la mayordomía que le fue asignada; el hombre tiene la libertad de actuar perseverando en la dignidad.

Y mandó Jehová Dios al hombre, diciendo: De todo árbol del huerto podrás comer; mas del árbol de la ciencia del bien y del mal no comerás, porque el día que de él comieres, ciertamente morirás (Génesis 2:16-17).

El diseño divino del hombre estuvo basado en los pactos mencionados y en estos están presentes los valores fundamentales que determinan el carácter, las emociones y la conducta del ser humano. Estos valores son:

- dignidad
- integridad
- libertad

El entendimiento, la aceptación y la práctica de estos tres valores edifican la vida del ser humano, le devuelven la identidad y le facilitan la capacidad de cambiar el curso de su vida.

Comencemos con la palabra *dignidad*, como uno de los tres valores fundamentales sobre los cuales se debe establecer el proceso educativo de un niño, de una persona.

Dignidad es el reconocimiento de la imagen de Dios en mí y en los demás. En otras palabras, la dignidad viene a recoger el sentido de que Dios me ha hecho a imagen suya, me ha dignificado. Es el reconocimiento de aquello que Él dijo que yo era, no de lo que las personas dicen que yo soy; es la aceptación, la valoración del amor de Dios, de lo que Él ha hecho por mí.

Esto resulta extremadamente importante comprenderlo, porque va en contra de lo que se nos ha enseñado. Por ejemplo, los padres dicen a sus hijos: "Estudia para que llegues a ser alguien". En otras palabras: "Tú no eres nadie, no eres nada, solamente llegarás a ser alguien si logras algo en la vida".

Cuando somos lo que Dios nos hizo, podemos tener relaciones ricas, ya que ningún ser humano convive armoniosamente si no hay trato, confianza y respeto.

"¡No, no y no! ¡Yo soy la imagen de Dios!" Cuando la persona logra reconocer que lo que es viene del diseño de Dios puede ejercer la dignidad; esto le da la capacidad de amar y expresar ese amor a través de la valoración, consideración, aprecio y reconocimiento de sí mismo y de los demás (puesto que no se puede amar a Dios, a quien no se ve, si no amamos a nuestros semejantes a quienes vemos).

Cuando ejercemos el valor de la *integridad*, entonces podemos ganar la confianza de las personas, ya que practicaremos la honestidad, la veracidad, la responsabilidad y el compromiso.

Cuando ejercemos el valor de la *libertad*, tendremos como resultado una convivencia sana, ya que podemos tener respeto, orden, disciplina, obediencia y autoridad.

Una explicación más amplia la puedes encontrar en mi libro: *Más allá de la inteligencia emocional* (2001).

EL ANTECEDENTE DEL SUFRIMIENTO HUMANO

La salud emocional de un ser humano, como he dicho, depende de la calidad de su pensamiento, la calidad de sus emociones y la práctica de una conducta acorde.

Observemos el bloque 1 del dibujo; sus temas nos llevan a los siguientes pasajes de las Sagradas Escrituras, donde se demuestra que la falta de integridad es el inicio del pensamiento distorsionado, la falta de dignidad es la emoción distorsionada, y el deseo y la conducta distorsionados son la consecuencia de la pérdida del valor de la libertad.

1. El problema comienza con el pensamiento distorsionado: *"En la intimidad de tu arrogancia dijiste: Yo soy un dios... sentado en un trono de dioses"* (Ezequiel 28:2).

En un instante de prepotencia, de vanagloria, el enemigo se declara un dios, y quiere usurpar el poder y la gloria que solo corresponden a Dios. El enemigo era un modelo de perfección y sabiduría (el malo tiene que ser inteligente para ser malo):

> Eras un modelo de perfección, lleno de sabiduría y de hermosura perfecta... Fuiste elegido querubín protector, porque yo así lo dispuse. Estabas en el santo monte de Dios y caminabas sobre piedras de fuego (Ezequiel 28:12,14).

2. El problema de la emoción distorsionada: luego de una mente distorsionada sigue un deseo de vanagloria y se produce una emoción dañada que toma como objetivo satisfacer el ego, sin importarle nada de nadie, tan solo satisfacer su ego: *"A causa de tu hermosura te llenaste de orgullo"* (Ezequiel 28:17).

La autoestima, sin tener como referencia la imagen de Dios, es la glorificación del ego; es el sentido de amor a sí mismo sin amor a los demás; es una referencia de necesidad de aprecio, de reconocimiento, de logro; es un estado de soberbia en el cual se piensa que debe ser venerado, que todo tiene que estar rendido a sus pies, y en el que la presencia de Dios es rechazada por el entronamiento del ego.

3. La pérdida de la libertad: las emociones distorsionadas se convierten en deseos distorsionados que llevan a conductas distorsionadas. *"Desde el día en que fuiste creado, tu conducta fue irreprochable, hasta que la maldad halló cabida en ti"* (Ezequiel 28:15).

La consecuencia de todo esto es *la rebeldía*, que es una búsqueda de identidad distorsionada y un deseo inconsciente de castigo. Es lo que llevó al querubín a perder su libertad. Nadie puede ir a la cárcel a menos que haya perdido su dignidad y no valore al otro; que haya perdido su integridad y no se llene de ira, mate, engañe o traicione al otro.

Los tres elementos que componen la salud espiritual, que se manifestarían en la salud mental del ser humano quedan establecidos:

1. **Integridad:** que es la armonía entre el ser y el hacer, queda rota; por lo tanto se produce un pensamiento distorsionado, porque se ha dejado de ser.

2. **Dignidad:** la valoración de la imagen de Dios en nosotros y en los demás, es la que produce una emoción de amor que ahora está, distorsionada. La llamada autoestima o satisfacción del ego es la que produce la imposibilidad de amar, de entregar, de tratar, valorar, reconocer y apreciar, porque todo se concentra en rechazar aquello que no nos satisface.

3. **Libertad:** valor que, por amor a Dios y a no tener en poco una salvación tan grande, nos ayuda a respetar la dignidad y la integridad, y nos facilita el no esclavizar a nadie. Una vez perdida la integridad, o la relación entre lo que se es y lo que se hace, la emoción distorsionada se desplaza en toda suerte de conducta esclavizante y todo el pensamiento se vuelca hacia el placer y a evitar el dolor. Entiéndase por dolor, el no querer sufrir por vivir ordenadamente.

Con la pérdida de la libertad se inicia la rebeldía, y con ella un vacío profundo que trata de arrastrar todo lo que lo rodea; porque *"un abismo llama a otro abismo"*. Los primeros que recibieron esa ira, enojo, rencor y amargura, fueron *"los ángeles que no guardaron su dignidad"* y fueron secuestrados espiritualmente y, hablando en términos humanos, emocionalmente. En otras palabras: ahí surgió el secuestro o cautiverio emocional.

EL SUFRIMIENTO SE ENTRONA EN EL HOMBRE

El problema baja al hombre creado: El bloque 2 de la figura nos muestra que los problemas del enemigo fueron traspasados al hombre, quien fue hecho cautivo, por eso el Señor vino a liberar a los cautivos. El enemigo, en el traspaso de la herida, utiliza el mismo procedimiento por el cual él cayó:

Alteración del pensamiento: Sembrar la duda mirando el pasado, para establecer un proceso de culpa.

–¿Es verdad que Dios les dijo que no comieran de ningún árbol del jardín?...
(...) –¡No es cierto, no van a morir!, Dios sabe que cuando coman de ese árbol se les abrirán los ojos y llegarán a ser como Dios (Génesis 3:1-4).

El enemigo puso en Eva el mismo pensamiento que tuvo de sí: "soy Dios".

La sutileza demostrada aquí por el pensamiento del enemigo, al disfrazar las mentiras, es precisamente el tener una personalidad dividida. Adán y Eva *ya eran* imagen de Dios, eran administradores de sus vidas y del paraíso. Lo que moriría sería la identidad provista por Dios.

Emoción distorsionada. Pasada la primera etapa, Eva va hacia la segunda. El árbol y su fruto le produjeron una emoción, un sentimiento de bienestar que, por supuesto, sería temporario así como la droga.

"La mujer vio que el fruto del árbol era bueno para comer, y que tenía buen aspecto y era deseable para adquirir sabiduría" (Génesis 3:6). La emoción estaba distorsionada, y ahora el ego toma el control y mueve la voluntad hacia la codicia, hacia la satisfacción de sí mismo, sin tener en cuenta su dignidad o imagen de quien es. Si hay algo que ocurre en el secuestro emocional, es que la persona pierde conciencia de quien es y su voluntad es dominada por las raíces de amargura que le siembra la otra persona.

La pérdida de la libertad. Una vez que el pensamiento y la emoción están distorsionados la meta del ego es satisfacer los deseos personales, la renuncia a todo sufrimiento y también el traspaso del mismo a otro. Siempre he dicho que el secuestro emocional que lleva a la depresión es una atadura emocional destructiva que una persona, que no quiere sufrir, le traspasa a otra, que no reconoce su valores y por lo tanto comienza el camino del sufrimiento.

"La mujer vio que el fruto... y era deseable para adquirir sabiduría, así que tomó de su fruto y comió" (Génesis 3:6).

La conducta fue el resultado de los dos pasos anteriores. El problema no está en el hacer, sino en el dejar de ser. En el área de máxima seguridad de la cárcel de Saltillo, en el Estado de Coahuila, México, el licenciado Roberto Chávez conduce la clase de Identidad para los personajes peligrosos. Él les ha ayudado a reconocer que no están presos por lo que hicieron, sino por lo que dejaron de ser. Eso es lo que los llevó a delinquir. Esta enseñanza ha ayudado a cambiar la vida de algunos de esos presos.

A esta altura de nuestro estudio, encontramos entonces que quedó fijado el proceso de herida que lleva a la depresión, las drogas, la violencia y el suicidio.

EL SURGIMIENTO DE LA MENTE O PSIQUE HUMANA

Luego de que la conducta, como expresión del ser o no ser, se manifestó en la rebeldía apareció la psique humana. El ser humano que había sido creado por amor, al perder su identidad o lo que es lo mismo, al caer en el vacío del ser, toma como principio de conducta el temor.

La primera expresión consciente del hombre fue *tuve miedo*. De ahí en adelante, la conducta del ser humano sería basada en el amor por la identidad o en el miedo por la falta de ella.

Adán, luego de decir *tuve miedo*, hizo tres cosas:

1. Salió huyendo. Había perdido el paraíso; ahora tenía necesidad de lograr lo que perdió. Esto es lo que los psicólogos llaman *necesidad de realización*.
2. Se enmascaró. Tenía que sustituir la imagen perdida; ahora tendría necesidad de aprecio, de estatus, de reconocimiento. A esto los psicólogos llaman *autoestima*.
3. Culpó. Ahora tendría miedo a morir, a sufrir, y el deseo de placer. Esto es lo que los psicólogos llaman *necesidades de seguridad y fisiológicas*.

Estos tres elementos, que aparecen en el bloque 3 de la figura 1, concuerdan con la Teoría de la Motivación de Maslow, aunque ya estaban mencionados en Génesis 3. Esto también da origen a la división de las terapias:

a. Conductista (ligada al estímulo y respuesta en el área fisiológica), y Psicodinámica (ligada al efecto del pensamiento en las funciones químicas).
b. Humanista (ligada a la imagen personal, o sea al ego).
c. Existencial (ligada a la imagen que se tenga del logro). Es por eso que, como veremos más adelante, cuando los tres elementos no son bien estimulados sirven de base para las

heridas emocionales y toda suerte de males físicos y mentales en el ser humano.

Lo anterior establece el marco terapéutico de la conducta humana. En el libro *What is psychotherapy?* (¿Qué es la psicoterapia?) escrito por Zeig y Munion, se concentra el trabajo de los grandes autores de las teorías de intervención terapéutica y los sistemas de intervención derivados. Se llegó a la conclusión de que todo el trabajo de la terapia es ayudar a un ser humano a procesar un sufrimiento, y que esta se dirige a ayudarle a trabajar con su "yo", con el "otro" y con su "ambiente". Todo ese trabajo y sus conclusiones avalan el drama del Edén, donde el hombre debería luchar con su yo, con el otro –con el enemigo–, y con perder su ambiente.

Los puntos trascendentes sobre la mente humana a resaltar, son los siguientes:

El miedo, es el producto de la incapacidad de sentir amor. Es lo que lanza al ser humano al ciclo de ansiedad, sufrimiento y adicción. Otra vez aclaro que el miedo es la ausencia de Dios real o sentida, que busca refugio en el ego, por lo que ata la mente en medio de la confrontación de un estímulo que no puede procesar y busca un escondite emocional. Ese es un estado de autolástima, de victimización.

La culpa, es un estado de impotencia interior que no deja tomar la responsabilidad del impacto emocional de las decisiones, por lo que se ata la mente al pasado para buscar en la decisión de otro la responsabilidad de su propia conducta. *"La mujer que me diste por compañera me dio de ese fruto, y yo lo comí"* (Génesis 3:12). Esto introduce a un estado de ira que conduce al enojo, porque se desplaza lo que se siente como un castigo hacia el otro y produce un pensamiento de rechazo inconsciente, al asignar la responsabilidad a la otra persona. El problema es que de ahí en adelante, se mira al pasado con culpa, anclando el presente a la ira.

La decisión, toda decisión implica una costo económico, social, familiar, pero sobre toda las cosas, un costo espiritual y emocional. Muchas veces las personas se confunden entre una buena y una mala decisión, y luego resultan deprimidas porque no tuvieron en cuenta el costo emocional de la decisión. La fortaleza interior se da por la convicción de procesar el sufrimiento de la decisión por medio de una meta trascendente; esto es actuar de acuerdo a la identidad. El no hacerlo, como en el caso de Adán y Eva, coloca al ser humano dentro del mismo campo de sufrimiento indeseado, y en sufrir por no querer sufrir.

La ansiedad, es mirar al futuro anclándolo al pasado para transferir el miedo a sentir que no se tiene el control.

El sufrimiento es un estado espiritual emocional sin resolver, que parte de la evaluación de los demás, de lo que me hicieron o de lo que no hacen por mí, no de lo que soy, pues mi identidad está subordinada al trato, la confianza o el respeto que el otro me pueda dar.

Todo lo anterior me lleva a los siguientes puntos que inciden en la salud mental del ser humano:

- Mi problema de relaciones se dan porque yo rechazo en el otro el yo en mí que no quiero. Esa fue la actitud del enemigo ante la imagen de Dios en él.

- Solamente hiere el que está herido, esa fue la relación del enemigo con Eva y Adán.

- La lucha de la existencia humana en su psique se produce entre el ejercicio del amor por medio de los valores y la supresión de los valores por llenar las necesidades.

- Los valores nacen del amor, y las necesidades del miedo. El amor y el miedo son las fuerzas psíquicas, y por ende espirituales, que combaten dentro del hombre. En La Biblia, se establece que esa lucha es la del Espíritu que impulsa al amor y la carne que impulsa al miedo. Esto es importante porque, a nivel de la mente y la conducta, el Espíritu produce paz y el miedo ansiedad. Por eso he dicho que no existe ser humano que camine más rápido que el que va hacia la autodestrucción.

- La herida es el traspaso de un sufrimiento no deseado por una persona que lo transfiere a otra para encadenarla al resentimiento, la ira, y la amargura que tiene en el corazón. Ese es el caso del enemigo al utilizar el pensamiento, la emoción y el deseo en el traspaso que hizo de aquello que Eva y Adán eran, quienes dejaron de ser lo que eran para vivir la transferencia de la herida. Es el caso de las personas que dicen que son así porque le hicieron esto o aquello y que desde que se lo hicieron dejaron de vivir.

- La sanidad de un ser humano depende de la manera de pensar, la calidad de las emociones y la calidad de sus deseos o conducta. Y toda práctica terapéutica o de consejería está basada en la renovación del pensamiento, la renovación de las emociones y la modificación de la conducta. Esto nos indica que los procesos psicológicos actúan sobre situaciones puntuales, en el proceso de miedo y necesidades, por ejemplo, pero carecen de fuerza para desarrollar al ser humano.

- Gran cantidad de personas realmente no viven lo que son, sino lo que otros les hicieron ser; por eso llegaron a la depresión, al alcoholismo, al suicidio o a vivir vidas matrimoniales frustradas, porque siguen viviendo la herida que les traspasaron.

- El problema fundamental del ser humano es la incapacidad de procesar el sufrimiento. Esto es un detonante para la presente generación de niños, adolescentes y adultos que no tienen capacidad de sufrir, y que son bombardeados sin misericordia por propagandas que estimulan la satisfacción de necesidades a cualquier costo, sin tener parámetros interiores de los valores de la identidad. Se suma a todo esto que precisamente lo que se está perdiendo con la globalización es la identidad en todas sus formas.

- Se manifiesta un concepto traído por el Dr. José González, presidente de Semilla Internacional, quien identifica la pérdida de la paternidad como problema clave en la problemática social de hoy. Recordemos que, al igual que Adán y Eva, y que el hijo pródigo, su separación del padre inicia el deterioro emocional con relación a la familia. Esto es significativo porque sin el Padre, se produce una personalidad incapaz de resistir la confrontación saludable. Por otro lado, el padre enfermo, sin identidad, es el origen del traspaso de las heridas y del sufrimiento desde el drama del enemigo hasta el día de hoy. *Encontrar la identidad nos devuelve el Padre real y sano.*

Todo lo anterior nos lleva a la conclusión de que la identidad y sus valores son el fundamento para el desarrollo de una personalidad sana y, por consecuencia, de la salud mental, que en sí es espiritual. (Favor de no confundir espiritualidad con religiosidad. La religiosidad es la práctica normativa de la conducta, basada en sistemas de doctrina, la espiritualidad es el ejercicio de los valores por medio del Espíritu Santo en nuestra vida).

Existen dos errores claves en algunos psicólogos, como Eric Ericsson, quien establece que uno de los problemas del ser humano es la vergüenza y el otro omitir la identidad como elemento clave en el proceso de crecimiento. Lo que Adán descubrió no fue la vergüenza, porque si hubiera descubierto la vergüenza el ser humano no sería desvergonzado. Dios no había vestido a Adán y el sexo fue establecido antes de la caída. Cuando un niño tiene vergüenza es realmente un miedo a ciertos actos, sobre todo al aproximarse a alguien que no conoce o al hacer algo que no produjo aceptación, y esta no era la posición mental de Adán. Él no dijo: "tuve vergüenza", él dijo: *"tuve miedo"*. El miedo es la ausencia de Dios real o sentida, que nos encierra en nuestra impotencia. *"Donde está el Espíritu del Señor, allí hay libertad, y el amor perfecto echa fuera el temor"*. Es importante considerar cómo Jesús reaccionó ante los estímulos del enemigo.

LA PRUEBA DE LA IDENTIDAD EN LA VIDA DIARIA

Para la explicación del bloque 5, utilizaré el pasaje del evangelio de Lucas en el capítulo 4. Debo destacar varios puntos fundamentales:

- Jesús comenzó su ministerio dentro de la comunidad social.

- Jesús fue llevado al desierto. Si hay un lugar que tiene similitud con la depresión ese es el desierto. No existe nada agradable a la vista, esta se pierde en la nada. No hay nada que produzca placer. En el día el calor consume, en la noche el frío entumece. La soledad es el estado de ánimo en el cual los estímulos externos cesan, no hay reconocimiento, no hay satisfacción fisiológica, del ego, ni de realización, todo está suspendido. Es el perfecto estado para comenzar un proceso maníaco-depresivo, que termina en un estado de sed, de profundo vacío interior en el que no hay de dónde sujetarse a la vida.

- Jesús está frente a la necesidad de definir de dónde viene su satisfacción fisiológica, de dónde viene su amor y de dónde viene su relación.

- Jesús se halla frente a la suprema lucha diaria del ser humano entre valores y necesidades; es la tercera parada del proceso de identidad que negó el enemigo, que se negó en el paraíso, y que ahora enfrenta a Jesús con la misma dinámica.

- Jesús está parado en el tiempo, con una proyección de eternidad para ayudar al ser humano a recuperar el sentido de identidad; pero como en ese momento tiene ropaje humano debe hacerlo valer.

- Jesús se encuentra frente a los estímulos de ansiedad, depresión y tensión.

- Jesús se enfrenta a la dinámica del ser y el hacer.

El enemigo no se hizo esperar y lanzó los mismos estímulos que le lanzó a Eva y a Adán:

"*–Si eres Hijo de Dios*", la prueba era la del *ser*, la del reconocimiento de quién era. Se debe recordar que una herida es la oferta de un regalo, que contiene en el interior toda la ira, los deseos insanos y los pensamientos distorsionados que una persona herida regala a quien no conoce su identidad, para traspasarle su amargura, su odio y hacerlo esclavo emocional. En este drama que analizamos se establece que toda herida de un ser humano está contenida en las proposiciones del enemigo, y que solo hiere el que está herido.

EL VALOR DE LA LIBERTAD FRENTE A LA NECESIDAD FISIOLÓGICA

Vencer la ansiedad. Proposición conductista, psicodinámica y neurolingüística.

Como dice el escritor, Jesús fue llevado al desierto y, después de cuarenta días sin comer, sintió hambre y el enemigo de las almas le propuso: *"Dile a esta piedra que se convierta en pan"* (Lucas 4:3).

La primera proposición estuvo basada en lograr el condicionamiento con un estímulo indirecto que conectara a Jesús con el hambre, producto de cuarenta días sin comer; por este medio el deseo y la voluntad se predisponen hacia la parte gustativa y, al igual que el experimento de Pávlov, se produce una agitación fisiológica para llenar la necesidad sentida. También supone hacer el pensamiento realidad, al activar el poder psicodinámico y al hablar positivamente, bajo el proceso creativo de la mente.

Este estímulo fue exactamente igual al que le dio a Eva con el fruto del paraíso. El problema estaba en que la satisfacción de la necesidad fisiológica, fuera del espacio del valor de la libertad, lleva al ser humano a la esclavitud de los deseos, los placeres y, finalmente, a la pérdida de la vida.

La necesidad fisiológica existía en Jesús, por lo tanto no era malo llenarla. El problema ahora es tener una referencia interior para establecer el parámetro de reacción emocional. Jesús recurre a su valor de la libertad cuya expresión conductual es la obediencia. Él respondió: *"No sólo de pan vive el hombre"*. Cuando el valor y el placer se confrontan, el valor tiene toda la energía espiritual para vencer la necesidad fisiológica. Comer, para Jesús, era asunto de tiempo, y también de valor. El placer es pasajero pero puede dejar dolor permanente; el valor produce un sufrimiento pasajero, pero, al estar ligado al gozo de la obediencia, procesa el sufrimiento pasajero con energía de eternidad. Es el reconocimiento de que *"todo lo puedo en Cristo Jesús que me fortalece"*.

EL VALOR DE LA DIGNIDAD FRENTE A LA NECESIDAD DEL EGO

Vencer la depresión. La proposición humanista

–Si eres Hijo de Dios, tírate de aquí. Pues escrito está: Ordenará que sus ángeles te cuiden. Te sostendrán en sus manos para que no tropieces con piedra alguna (9-11).

Una de las causas más frecuentes de la rebeldía, la tristeza, la pena por uno mismo y, finalmente, la depresión, es esa impresión de no sentirse valorado, reconocido, apreciado; consideración que lleva al ser humano a un sentimiento de inutilidad, de impotencia; y, mientras más espera en el otro, más se hunde en el sufrimiento y la autodestrucción.

La propuesta del enemigo fue el suicidio. Es la confrontación con el valor de la dignidad, saber quién se es, de dónde viene su amor, de dónde viene su valoración frente al que no es.

El enemigo había perdido la vida, toda su intención era trastocar la emoción al igual que lo hizo con Eva, al buscar fuera el anclaje de su emoción. Estoy seguro de que conoces personas que están destruidas, que no han vivido, que están al borde del suicidio porque alguien a quien aman las ha abandonado, no les ha correspondido al amor, no se sienten valoradas, no se sienten reconocidas, no sienten que le agradecen tanto esfuerzo y por tanto se sienten nada; y en muchos casos ya están en proceso de autodestrucción en el alcohol, las drogas, las medicinas, volviendo a desplazar hacia un objeto la identidad perdida. La herida en este caso es depositar el precio de la emoción en un banco que está en quiebra, que jamás podrá devolverle ni siquiera los intereses.

Solo el ego se hiere, es por eso que el apóstol Pablo manda a matar el ego, o sea, la autoestima no sana que proviene de esperar el reconocimiento del otro, la valoración del otro. Es por eso que escuchamos a tanta gente decir que le hirieron la autoestima, y otros que tienen que hacer algo para subirse la autoestima, o que debe ir a la tienda para arreglársela o más bien enmascarársela.

Cuando uno sabe quién es puede reconocer a quien no es, todo lo que hace es una expresión de lo que es. Aunque tenemos necesidades materiales de aprecio, de ser valorados, podemos reconocer que quien no ejerce los valores de la identidad no puede expresarnos el amor, no nos puede valorar. Es por eso que nuestra identidad nos protege de quienes nos pueden causar daños emocionales. El enemigo no tenía esa capacidad y quería el suicidio de Jesús. Eso pasa cuando una persona se queja de que el otro la quisiera ver muerta, de que todo lo hace para verla sufrir. Cierto, porque está aceptando el regalo destructivo.

La respuesta de Jesús fue: *"No pongas a prueba al Señor tu Dios"* (v. 12).

El ego es la negación de Dios en el manejo de nuestras emociones. Es no considerar el valor de la dignidad por entronar el ego. La respuesta de Jesús fue: "Yo sé quién soy". *"Aunque mi padre y me madre me abandonen, el Señor me recibirá en sus brazos"*. Es decir, podrá olvidarse la mujer de lo que dio a luz, pero Él no se olvidará de mí, porque *"Dios dispone todas las cosas para el bien de quienes lo aman"*, y nada *"nos podrá separar del amor de Dios, que es en Cristo Jesús"*. No tengo que probar lo que ya soy y tengo.

No estamos hablando de Supermán, a quien no le entran las balas, hablamos del hombre con identidad, que toma el sufrimiento como un aprendizaje y motivo para crecer, ya que reconoce que la emoción es de la persona: *"Airaos, pero no pequéis; no se ponga el sol sobre vuestro enojo"*. Es reconocer que el problema no está en mostrar la emoción, sino en no tomar la responsabilidad de ella sin desplazarla en culpa. La persona puede darme el estímulo que provoca la emoción, eso la hace responsable solo del estímulo; pero lo que hago después de sentir la emoción eso es el producto de procesarla con mi identidad.

La persona que me ama, y me quiere herir, no ejerce los valores; pero yo me hiero solo si le entrego los míos. Podemos utilizar la experiencia de Jesús quien, por lo que padeció, aprendió la obediencia.

El punto clave del ser humano es que no quiere sufrir y desplaza el sufrimiento a la culpa y la búsqueda de placer, pero no al aprendizaje. El problema no es parar de sufrir, pues en el mundo tendremos aflicción, pero también tenemos la fe que vence al mundo. Tenemos la esperanza que vence al mundo y tenemos nuestra identidad basada en valores; esto nos ayuda a evaluar los estímulos que producen sufrimiento innecesario y nos dañan la vida.

LA LUCHA ENTRE EL PENSAMIENTO DEL VALOR DE LA INTEGRIDAD

La necesidad de logro es el área de la psicología de la realización. Esta es el área donde nace la necesidad de conquista, de logro, donde el ser humano busca algo por lo cual luchar. Es Adán que huye, después de haber perdido el paraíso, y trata por todos los medios de recuperar lo perdido. En esta zona el estímulo está basado en la realidad de la cultura, en los símbolos de éxito, de logros. Es por eso que la realización sin integridad es corrupción.

–Sobre todo estos reinos y todo su esplendor –le dijo–, te daré la autoridad, porque a mí me ha sido entregada, y puedo dársela a quien yo quiera. Así que, si me adoras, todo será tuyo (v. 6).

El drama de Ezequiel 28 y de Génesis 3, se repite: *"yo soy un dios"*, *"llegarán a ser como Dios"*. Es interesante la verbalización del enemigo: en Ezequiel 28 dice que es un dios, en Génesis le dice al hombre que será como Dios. En otras palabras, su altivez o vanagloria era tan grande que redujo a Dios a la expresión de su creación, este es en sí el principio del panteísmo, que sujeta al hombre bajo su dirección, lo secuestra espiritual y emocionalmente.

Es notable ver en el liderazgo esa conducta de un pensamiento sin integridad y un vasallaje entre los que lideran. Notemos que el enemigo no crea sino que usurpa lo creado; en otras palabras, cuando no hay integridad, es imposible ser honesto, responsable, veraz y tener compromiso. Mete a la otra persona en el vacío. Cuando una persona es herida, o sea atada emocionalmente por otra, tiene mucha ira; esto obedece a que ha sido traicionada, o lo que es igual, a que la otra persona no fue honesta, le mintió, no fue responsable y no tuvo compromiso. Esto es extremadamente importante, porque constituye otra de las causas de las heridas.

- Cuando una persona no ejerce la dignidad, no puede amar o tratar correctamente a otra, porque no la valora, considera, aprecia o reconoce. Esto produce mucha tristeza, ya que la persona no recibe el trato o muestra del amor que esperaba.

- Cuando una persona no tiene integridad, viola la confianza que se le ha entregado, por lo tanto, miente, engaña, no es responsable, no tiene compromiso, y eso produce mucha ira.

- Cuando una persona no ejerce el valor de la libertad, no respeta, no tiene orden, no tiene disciplina y anula su autoridad, esto produce un desengaño y mucha amargura en la persona que esperaba que la otra cumpliera con la expectativa de gozo y de satisfacción que anhelaba de ella.

Estos tres elementos introducen heridas y sufrimiento profundo en el ser humano. Es importante entender cómo Jesús procesó estos sufrimientos.

LOS TRES SUFRIMIENTOS DE JESÚS

Tomando en consideración los valores de dignidad, integridad y libertad, exploremos las tres ocasiones de sufrimiento de nuestro Señor Jesucristo.

1. La tentación. Es la prueba de la identidad a través de los valores asociados, el enfrentamiento entre el yo espiritual y el yo biológico, social y cultural, que constituye su humanidad. Es la demostración del poder del autoamor o el actuar desde lo que Dios nos hizo en contra de la glorificación de las necesidades. Es el manejo del yo espiritual frente a los estímulos de las pasiones, la seguridad y otras necesidades que, si bien son reales en la vida del ser humano, llenarlas sin valores lleva al camino de la autodestrucción o la destrucción de los demás.

2. Getsemaní. Es la prueba suprema del ego, es el punto donde se prueban los tres estímulos que desgarran interiormente al ser humano:

   a. La traición: que causa mucha ira y dirige la voluntad del ser humano a la venganza, al castigo, al crimen y toda suerte de violencia. Por ejemplo: Judas lo negó.

   b. El abandono y la negación: que causa la tristeza por uno mismo y dirige la voluntad a la inutilidad, a las emociones, a la depresión, y que muchas veces termina en la autolaceración y el suicidio. En el caso de Jesús: los discípulos lo abandonaron y Pedro lo negó públicamente.

   c. La falta de agradecimiento y el desengaño: que causa amargura, al ver que tanto esfuerzo no ha sido apreciado, que tanta entrega no es reconocida ni aceptada. Produce una raíz de mucha amargura, donde florece el rencor. Vemos en Jesús que todos los que habían recibido beneficios y quizás muchos de los que lo recibieron con vítores, se alejaron también.

Estos tres elementos constituyen un arma emocional destructiva. Todo terapeuta y consejero, sea psiquiatra, psicólogo, sacerdote, pastor o líder de grupo, ha vivido la realidad de que los pacientes que han llegado con somatización, depresión, estado de ánimo alterado, con deseo de matar o suicidarse, estuvieron atados emocionalmente a sucesos en sus vidas que tuvieron como detonante una o más de estas situaciones. Y que no partieron de lo que ellos son sino de lo que les pasó y les hicieron.

En este escenario, el sufrimiento de Jesús fue tan intenso que sin lanza en el costado, sin látigos, sin corona de espina, Él sangraba. La resolución ante una situación tan lacerante fue: *"si es posible, no me hagas beber este trago amargo. Pero no sea lo que yo quiero, sino lo que quieres tú"*. Fue reconocer quién era y de dónde venía su fortaleza, quién era su socorro, quién su libertador, quién no daría su pie al resbaladero y en quién estaba depositada su alma, su alegría y su hacer.

3. La Cruz y la reconciliación interior y luego exterior.

El sufrimiento de la Cruz trae a la luz lo consciente y lo inconsciente, lo visible y lo no visible, lo presente y lo eterno.

En el sufrimiento de la Cruz la humanidad de Jesús se siente abandonada, pero la consideración de lo que Él era lo lleva a hallar un motivo trascendente para el sufrimiento:

- Compasión: amor en movimiento. *"Hoy estarás conmigo en el paraíso"*.

- Perdón: reconocimiento de la ausencia de identidad del que hiere. *"Perdónalos Señor, porque no saben lo que hacen"*.

Es conocer que, quien no ejerce su identidad, deja de ser, y al estar espiritual y emocionalmente enajenado, lo que hace no es por lo que es, sino por lo que dejó de ser:

- Si deja de ejercer la dignidad: maltrata, no valora, no aprecia, no considera al otro ser humano; tiene celos, envidia y deseos de que el otro fracase.

- Si deja de ejercer la integridad: buscará la muerte del otro, será llevado por la ira, la violencia, la mentira, la traición.

- Si deja de ejercer la libertad: No tendrá respeto, orden, convivencia, justicia.

LA ESPERANZA

Es el punto de armonía entre lo que se es en el presente y la meta suprema del ser con el futuro de eternidad. Nada nos puede apartar del amor de Dios que es en Cristo Jesús. Es un proceso de liberación total, ya que el sufrimiento no es más que una etapa necesaria para aprender y desarrollar fortaleza, para cumplir la misión propuesta de entregarse y reproducirse en los demás por amor. Y esa esperanza no avergüenza, o sea, no causa temor presente de lo que espera en el futuro.

En este escenario un ser humano es espiritual y emocionalmente sano si:

- Mira al pasado con perdón: Lo que hice, o lo que mi hicieron ayer, fue con un modo de pensar guiado por la emoción; no se podía hacer nada diferente. Lo que hago hoy, lo hago con el aprendizaje que tengo hoy, por lo tanto no traigo la culpa al presente.

- Mira al presente con compasión. La compasión es el amor en movimiento hacia los que no tenían la capacidad de amarme, de ser diferentes; eso no quiere decir que no paguen el precio de lo que han hecho a la justicia. Pero yo me libero de la atadura emocional del hecho.

- Mira al futuro con esperanza: En este punto, la liberación de la atadura emocional es plena, ha reconciliado el ser interior con el exterior. Es el punto de trascendencia en el cual la vida toma un significado distinto. No es un estado de estoicismo, sino de propósito.

EL DETERIORO DE LA IDENTIDAD Y EL LIDERAZGO

El bloque 5 nos presenta la realidad de la falta de identidad en el liderazgo, que ha sumergido a los pueblos en la frustración, la ira y el deseo de castigo. En los últimos años, en el continente americano, no han ganado los líderes, sino aquellos que las personas creen que serán instrumentos de castigo.

El drama de la humanidad comienza con el liderazgo; lo que establece los parámetros de modelaje social para la fijación del comportamiento.

"Paraos en los caminos, y mirad, y preguntad por las sendas antiguas, cuál sea el buen camino, y andad por él, y hallaréis descanso para vuestra alma" (Jeremías 6:16).

El concepto de liderazgo necesita ser armonizado con los principios bíblicos de los valores de la identidad.

EL TRASPASO DEL REINO

El Señor Jesucristo quiso que la Iglesia viese el concepto del liderazgo a la luz de su ejemplo. El ejemplo es algo que debe ser seguido, que debe encarnarse en la persona como un principio de vida. Tanto en la Última Cena como en la Cruz, el Señor quiso resaltar los principios que restauran el concepto de liderazgo:

a. El servicio: ejercicio de la integridad
b. La humillación: ejercicio de la dignidad
c. La obediencia y la entrega: ejercicio de la libertad

Estos elementos son frutos, características del líder mismo y no de sus seguidores como alguien lo ha sugerido.

LA CENA COMO ESCUELA

La Última Cena fue el traspaso del Reino a los discípulos: *"yo mismo les concedo un reino, así como mi Padre me lo concedió a mí"* (Lucas 22:29).

El reino de Dios y sus principios era vital para los discípulos; tan es así que, después de la resurrección, el Señor quiso profundizar con ellos en el conocimiento del Reino, *"durante cuarenta días se les apareció y **les habló acerca del reino de Dios**"* (Hechos 1:3 énfasis del autor).

El principio del siervo, un reto a la teoría de realización. Luego de que el Señor traspasara el Reino a sus discípulos, comenzó a explicarles los principios de liderazgo que los iban a gobernar. La disputa de los discípulos se centró en quién sería el líder. El Señor destaca los tres principios que restauran, en la mente y el corazón del cristiano, el verdadero liderazgo: *"Pero él les dijo: Los reyes de las naciones se **enseñorean** sobre ellas, y los que sobre ellas tienen **autoridad** son llamados **bienhechores**, mas no así vosotros, sino sea el mayor entre vosotros como el más joven, y el que dirige, como el que sirve. Porque ¿cuál es el mayor, el que se sienta a la mesa, o el que sirve? Mas yo estoy entre vosotros como el que **sirve**"* (Lucas 22:25-30, énfasis del autor).

La integridad: el primer principio es el servicio. Un reto a la teoría de realización. Es vencer el *"llegarán a ser como Dios"*, o sea, evitar la corrupción del pensamiento.

Hay muchos que han confundido el término siervo y solo les parece bien cuando los llaman "Siervos de Dios". Pero el ejemplo de Jesús es el de ser *siervo de los hombres*.

El principio de humildad: En el Evangelio de Juan se expone el principio de humildad, enmarcado en el concepto de grandeza:

Sabiendo Jesús que el Padre **le había dado todas las cosas en las manos**, y que había salido de Dios, y a Dios iba, se levantó de la cena, y **se quitó el manto**, y tomando una **toalla se la ciñó** (Juan 13:3-4, énfasis del autor).

Él tenía la autoridad sobre los recursos, el señorío del manto, pero los cambió por la toalla de la humildad al servir:

> Vosotros me llamáis **Maestro, y Señor**; y decís bien, porque **lo soy**. Pues si yo, el Señor y el Maestro, **he lavado vuestros pies**, vosotros también debéis lavaros los pies unos a otros. Porque **ejemplo os he dado**, para que como yo os he hecho, **vosotros también hagáis**. De cierto os digo: El siervo no es mayor que su Señor, ni el enviado mayor que el que le envió. Si sabéis esas cosas **bienaventurados seréis si las hiciereis**. No hablo de todos vosotros; **yo sé a quienes he elegido...** (Juan 13:13-18, énfasis del autor).

La dignidad: el segundo principio es humillación. Este es un reto a la teoría de necesidad del ego o autoestima, o de la sustitución de la imagen de Dios, o de la dignidad para entronar el ego. Ver su imagen mayor que la de Dios, o sea la corrupción de las emociones.

Líder es el que, teniendo la grandeza de Dios en él, no siente humillación al servir. El servir lo lleva a la altura de su Señor. La palabra humillación es de amargo sabor para los pueblos, especialmente los latinoamericanos, quienes han sufrido la imposición de líderes dictatoriales que los han mantenido en la miseria. Bajo esas circunstancias, la palabra *estatus* en Latinoamérica significa "capacidad de salir del anonimato" y la palabra *autoestima* significa "no dejarse pisotear".

La humillación, en términos bíblicos, está definida en el Salmo 8, y es reconocer la grandeza y la soberanía de Dios y, al mismo tiempo, reconocer lo que Él ha hecho por nosotros y el potencial que nos ha dado. Por ello, no debemos sentirnos menos que nadie pero tampoco creernos más que nadie. Que nuestro servicio sea hacer todo como para el Señor, no por obligación sino por amor; no como parte de opresión sino de liberación; no por debilidad de carácter sino como consecuencia del amor de Dios en nosotros. La humillación como sumisión, no es la postergación de nuestra voluntad o nuestro arrojo, sino la consecuencia de un poder y valentía interior que nos capacita para tratar con la inmadurez del liderazgo tradicional; y no deja que seamos bloqueados por el orgullo humano cuando tenemos que servir.

El poder compartido. Uno de los problemas fundamentales del liderazgo, es la incapacidad de compartir el poder. El experto alemán en conducta y liderazgo, Burkard Sievers, explica que el liderazgo no es nada más que una perpetuación de la inmadurez y que la motivación que se recibe del líder es un sustituto de su significado; el líder llena un vacío de guía en el ser humano. Para Sievers, la impotencia del líder de compartir el poder nace de su miedo a la muerte y de su deseo de inmortalidad. El líder, para poder admitir la participación, mantiene una lucha contra la inmortalidad. Los pensamientos de Sievers definen la problemática de las empresas en tratar de establecer los conceptos de toma de decisiones, participación y trabajo en equipo.

El Señor establece el modelo de trabajo en equipo, tanto en la cantidad, como en el proceso. En la Última Cena nos enseña lo que es verdaderamente el liderazgo: *"Tomad, comed; esto es mi cuerpo (...) Bebed de ella todos; porque esto es mi sangre del nuevo pacto, que por muchos es derramada..."* (Mateo 26:26-28).

Es el concepto de entrega final, de compartir lo que Él es con sus discípulos.

La libertad: el tercer principio es la obediencia por entrega.
Liderazgo es la capacidad de cobrar vida en otro, de conferirle al otro la habilidad que se tiene para el logro de los objetivos.

El líder no es el que tiene el poder, sino el que lo reparte. Quien provee la dirección, la emoción, y la voluntad en la visión. Por lo tanto, el verdadero líder es aquel que es guiado por la visión, y la visión viene de Dios. Nuestra conducta personal debe estar alineada para cumplir con la visión. Por lo tanto, el poder investido en el líder es para habilitar a todo el que se une a él o a ella hacia el logro de las metas que se derivan de la visión.

El líder ni nace ni se hace, renace en Cristo para buenas obras, las cuales Él preparó para que anduviésemos en ellas. Los conceptos de liderazgo, definidos como el control de los recursos para el logro de objetivos, chocan con las enseñanzas de Las Escrituras, en cuanto a la capacidad que debe tener el líder para facilitar el desarrollo de cada individuo hacia el logro de la visión de Dios. En este espacio, el concepto de toma de decisiones se da por el proceso de discipulado: gente edificando gente igual a Cristo.

A medida que avanzamos hacia la globalización, con su eliminación de fronteras, comunicación, integración y trabajo en equipo, surge la idea de una sociedad postindustrial basada en el servicio. Los conceptos tradicionales de liderazgo pierden su eficacia ante este nuevo panorama, demandando un líder de servicio. Esto introduce un reto a la sociedad latinoamericana que se hace llamar cristiana: revisar las premisas del liderazgo y desarrollar líderes/siervos, como lo enseñó Jesucristo.

El reto es aún mayor para la Iglesia, que ha implementado conceptos de liderazgo que no han dado buen resultado cuando a ella le fueron dadas las llaves del Reino.

¿Por qué no regresar a los principios bíblicos, si los principios de liderazgo tradicional no dieron resultado?

Todo lo anterior representa un reto para nuestra vida. Si es cierto que la cultura nos oprime para seguir operando en la forma tradicional, no es menos cierto que del fondo del alma del latinoamericano nace un grito: "Queremos otro tipo de líder, lo que existe no nos interesa".

LA CRUZ COMO CUMPLIMIENTO DE RECUPERAR LA IDENTIDAD

En Filipenses 2:1-11, se nos exhorta a reflexionar sobre lo que debe ser el líder:

Nada hagáis por contienda o por vanagloria (realización) antes bien con humildad (dignidad), estimando cada uno a los demás como superiores a sí mismo, no mirando cada uno por lo suyo propio, sino cada cual también por lo de los otros (libertad). Haya pues en vosotros este sentir que hubo también en Cristo Jesús, el cual siendo en forma de Dios, no estimó el ser igual a Dios como cosa a qué aferrarse, sino que se despojó a sí mismo tomando forma de siervo, hecho semejante a los hombres; y estando en la condición de hombre, se humilló a sí mismo, haciéndose obediente hasta la muerte, y la muerte de cruz. Por lo cual Dios también lo exaltó hasta lo sumo y le dio un nombre que es sobre todo nombre, para que en el nombre de Jesús se doble toda rodilla de los que están en los cielos, y debajo de la tierra; y toda lengua confiese que Jesucristo es el Señor, para gloria de Dios Padre (énfasis del autor).

En este pasaje está la acción de Cristo en la Cruz para destruir los principios del liderazgo mundano y resaltar los de la Cruz, y cómo estos principios deben guiar nuestros sentimientos: *"Haya pues en vosotros este sentir que hubo también en Cristo Jesús"*. Aquí no se trata de que Cristo lo hizo, sino del sentir que debe guiar nuestra conducta. Se puede enmascarar la conducta, pero la motivación del corazón es la que Dios ve.

En la Cruz, el Señor se comportó como siervo. Fue su aceptación del señorío de Dios: *"...tomando la forma de siervo"*.

El hombre es tan solo un poco menor que los ángeles, pero está coronado de gloria y de honra; el Señor bajó un peldaño para enfrentarse al príncipe del infierno: el señorío del enemigo y destruirlo en la Cruz (ya lo había vencido en la tentación). Hacerlo demandaba la sumisión total, la rendición a la voluntad del Padre. *"... pase de mí esta copa; pero no sea como yo quiero, sino como tú"* (Mateo 26:39). Puede que esta lectura sea un trago amargo para algunos líderes, pero aquel que tiene el corazón recto delante de Dios dará gracias porque le confirma lo que siempre ha creído y que las presiones le impidieron practicar. Vivir estos principios requiere aceptar la crucifixión del yo. Requiere sumisión.

Nosotros hemos sido salvados, sin embargo, La Palabra de Dios nos dice: *"y renovaos en el espíritu de vuestra mente..."* (Efesios 4:23).

La renovación de la mente es difícil porque no se trata solo de nuestra mente, es colectiva. La conciencia se forma en un sistema de creencias que mantienen al individuo amarrado a su manera de pensar; mediante las presiones inconscientes tiene que conformarse al mundo. Es el espacio de la cultura que presiona hacia la conformidad de lo que ya se cree. Tenemos que liberarnos de la opresión de la cultura que mantiene atada a nuestra mente y que necesita ser renovada día a día, por La Palabra y el Espíritu de Dios.

"... se humilló". La humillación no ha sido comprendida por muchos creyentes. La humillación es la conciencia de poder que nos hace servir, no por falta de autoestima, sino por la grandeza del poder del amor a Dios que está derramado en nuestros corazones por el Espíritu Santo, que Él nos ha dado. La humillación lleva al ser humano a rendirse a Dios, quien en su amor –*"de tal manera"*– se entregó en la forma del Hijo, no para destruirse, sino para rescatarnos. Ese es precisamente el motivo de la humillación: el rescate. No es el menosprecio a lo que somos, sino el amor a la impotencia del perdido. Poder humillarse amerita que el alma se eleve a la dimensión de la imagen de Dios. La humillación se enfoca en la necesidad de los demás, y en el poder de Dios en nosotros.

"... haciéndose obediente hasta la muerte de cruz". La prueba suprema de la obediencia era la Cruz. La rebeldía desplazada se convierte en control, en deseo de dominio. La prueba suprema de la obediencia es hacer morir el yo. De esta manera tenemos la capacidad de compartir, de entregarnos, de desarrollar discípulos.

Sin lugar a dudas, este pasaje nos deja claridad absoluta sobre el concepto de lo que es el liderazgo. Según La Biblia, un líder es: siervo, humilde y obediente.

La relación que existe entre los siervos se ve reflejada en este versículo: *"Nada hagáis por contienda o por vanagloria, antes bien con humildad, estimando cada uno a los demás como superiores a él mismo"*. Es una relación de grandeza, de altura; no de apocamiento, de vejación, de disminución de la personalidad. Muchos cristianos, conscientemente, le han tenido miedo a la práctica de estos principios porque no han sido enseñados ni practicados correctamente. Para ellos resulta un peligro que, siendo mal entendidos, se los quiera tomar por tontos, o que otros al utilizar estos conceptos aprovechen la situación. De todos modos, se necesita dar el paso firme hacia adelante; confiar en Dios y en sus planes.

Algunos tienen miedo de que su autoridad sea minada. La realidad es que la autoridad en la organización de la Iglesia es legitimada por medio de la organización propuesta en La Palabra de Dios, así como en las organizaciones lo es por estar registradas como corporaciones, y en los gobiernos, por las leyes. El siervo sabe reconocer la autoridad legítima, pero el líder mundano suele no saberlo. El siervo desarrolla una autoridad espiritual y de servicio que le da autenticidad a su legítima posición; el líder que no es líder-siervo trata de utilizar la autoridad coercitiva, la que daña su autoridad legítima y le quita autenticidad a su posición.

Jesús, en la Cruz, ejerció los tres principios de liberación de la esclavitud:

- Mirar al pasado con perdón
- Mirar al presente con amor
- Mirar al futuro con esperanza

El liderazgo de siervo, tal y cual fue practicado por el Señor en la tentación, en la cena y en la cruz tenía un objetivo específico:

reconciliar con Él todas las cosas. Es de vital importancia que el creyente reconsidere lo que pasó en la cruz del Calvario.

La transformación de la conducta por el renacer de los valores en el acto de arrepentimiento. El punto 7, de la figura 1, nos muestra lo que sucede en el ser humano al regresar a los valores fundamentales. El hijo pródigo, al regresar al padre después de armonizar su vida con Dios, recibe un cambio total de:

- Integridad: pensamiento. Se le restituyó el poder al entregársele el anillo.
- Dignidad: emoción. Se le dio un nuevo sentir al ser vestido.
- Libertad: conducta. Se le dio la capacidad de ejercer la conducta correcta para andar por el camino trazado por la reconciliación con su identidad.

Como puedes observar en el flujograma (punto 7.1), una vez regresado a los valores de dignidad, integridad y libertad, perdidos en el paraíso, la atadura emocional del hijo pródigo fue rota y hubo un cambio en su manera de pensar, sus emociones y su conducta.

Lo importante de este flujograma, es que salimos del liderazgo corrupto, el hombre caído, al hombre restaurado en Cristo, al liderazgo confrontado en la cena. El hombre y el liderazgo es transformado en la Cruz, y luego se observa el impacto en la familia. En otras palabras: el concepto de identidad encierra un poder de transformación individual, económico y social.

Al tomar en consideración este trasfondo bíblico de la conducta humana, entraremos en el proceso de trabajar con las adicciones, el suicidio y la violencia, desde una plataforma práctica relacionada con el día a día, y retomaremos los principios bíblicos y su aplicación en cada vida.

EJERCICIO

Meditación personal: identifica las cosas con las que hiciste conexión mientras leías, y qué ideas te surgieron. Esto es: lo que sientes que Dios te dijo basado en la situación en que estás.

Reflexión personal: analiza lo que puedes hacer con esas ideas. Debes recordar que aprender es la capacidad de vivir de acuerdo a principios.

Decisión personal: decide qué harás con ellas. Esta es una parte difícil, porque aquí obra la obediencia contra lo que se siente. Es el punto donde el crecimiento avanza al encontrar significado por medio del camino del sufrimiento o donde se detiene por el miedo a crecer.

Reafirmación: escribe una declaración de reafirmación. Aquí debes escribir los textos bíblicos que se aplican a tu situación como las guías de obediencia que has de seguir. Recuerda que la obediencia es el punto donde comienza la bendición.

Grupo de apoyo: identifica qué ayuda necesitas y quién te la puede dar. Busca personas con desarrollo espiritual y que tengan experiencia para ayudarte.

Capítulo III

Examen de vida y manejo de emociones

IDENTIFICACIÓN DE SITUACIONES PASADAS

- Piensa en un líder en la historia con quien te identificas, y escribe el porqué más abajo. No debes utilizar ningún personaje que guarde relación con la religión.
- Identifica las cosas que te dan mucha rabia que no puedes tolerar, puede ser que guarden relación con el trabajo, la vida matrimonial, las relaciones interpersonales. Escríbelas más abajo.
- Identifica las que te dan mucha tristeza, y escríbelas más abajo.
- Identifica las situaciones que te provocan mucha ansiedad, temores y que sientes alguna sensación cuando las enfrentas o las piensas, escríbelas también más abajo.

EJERCICIO

1. Busca un lugar tranquilo y cómodo. Escucha unos quince minutos de música tranquila y relajante.
2. Si no has podido relajarte, respira profundamente varias veces y pasa varios minutos en oración, meditación y lectura de los Salmos.
3. Haz una oración al Padre para que te ilumine y su Espíritu Santo te revele las áreas a trabajar.

4. Una vez que te sientas en paz, medita en tu vida. Trata de ir lo más atrás que puedas en tu historia, recuerda los momentos felices que viviste y anótalos. Recuerda lo que sentiste y cómo reaccionaste, anótalo también.
5. Luego, trata de recordar los eventos frustrantes que te causaron ansiedad, miedo, tristeza e ira, y anótalos más abajo.
6. Traza una línea igual a la que ves más abajo, en la figura 2, en un papel largo. En los picos pon los eventos que describiste en el punto 4, y en los valles los que escribiste en el punto 5.

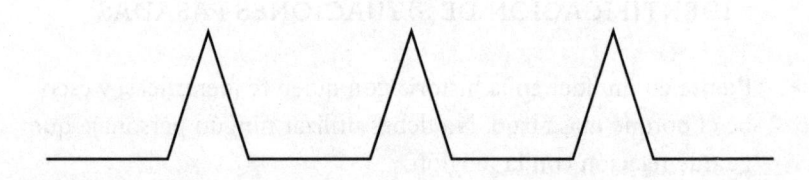

LINEA DE VIDA

FIGURA 2

ESTUDIA LOS SIGUIENTES CONCEPTOS Y SEÑALA TU OPINIÓN AL RESPECTO

Reconocer el concepto de los valores con que fuiste creado produce en ti la capacidad de ejercerlos, sin esperar que otro te lo reconozca. La herida viene cuando la otra persona no tiene la capacidad de ejercer los valores y tú mismo(a) no los reconoces en ti, no los reafirmas; no partes desde lo que eres, sino de lo que el otro quiere que seas. Por lo que te hizo un esclavo(a) de sus emociones, de su falta de desarrollo, y la humillación que recibes es la forma en que esa persona llena su ego. Debes partir de lo que tú eres y de lo que el otro es; pues si partes de lo que te hicieron y de lo que sentiste solamente, entonces quien no es te hace ser lo que él/ella quiere.

Debes saber que si en la humillación, en el trato, hay violación de la ley sobre tu persona no hay amor, porque el verdadero amor es la aplicación de la ley; porque la ley no abroga la justicia. Una persona que se deja golpear y tiene riesgo de perder la vida, debe denunciar a quien la maltrata para ayudarla a no seguir con esa conducta.

LOS VALORES Y LAS RELACIONES

Ningún ser humano tiene relación efectiva con una persona, si la otra no tiene dignidad, integridad y libertad. Vamos a hacer un análisis de los valores y de sus impactos en las relaciones humanas. Para que exista armonía, primero la persona debe sentirse amada. Eso significa que el otro ejerce y respeta la dignidad de la persona.

1. El valor de la dignidad
Valor que nos permite amar sin crear codependencia, y nos ayuda a vivir una vida elevada de no dependencia y de excelencia. El valor de la dignidad se manifiesta de igual manera en la relación con los demás a través del trato, y nos lleva a valorar, reconocer, apreciar y considerar a todo ser humano.

Valorar. Reconocimiento de la dignidad del ser humano en nuestra relación y acción hacia ellos. El trato nos lleva a valorar al ser humano, a no abusar ni física ni emocionalmente de él, sin distinción de edad, sexo, religión e ideología.

Reconocer. Búsqueda de las cualidades que distinguen a cada persona, refuerzo de su comportamiento hacia el logro de sus objetivos, y apoyo en su crecimiento.

Apreciar. Retroalimentación, dando gracias a la persona en los esfuerzos que hace, reconociéndole el potencial para apoyarle en el desarrollo y aplicación del mismo.

Considerar. Sensibilidad a las necesidades de la persona, tanto de crecimiento como de reconocimiento, tratándola con amor y respeto, haciendo resaltar siempre lo mejor.

- No puede haber amor si lo anterior no se ha ejercido; por lo tanto la persona siente que no se le ha dado un trato digno.
- Ninguna persona le tiene confianza a otra si esta no es íntegra. Eso quiere decir que ejerce:

2. El valor de la integridad

La armonía entre ser y hacer es la que facilita la responsabilidad, la honestidad, la ética y la autoevaluación. La integridad produce el desarrollo de la confianza en uno mismo y en los demás, y se manifiesta por una conducta y relación con los demás, caracterizada por:

Honestidad: Se tiene la transparencia de actuar y comunicarse sin agendas escondidas.

Veracidad: Se expresa lo que en realidad se piensa, se es responsable de cumplir los acuerdos que ha verbalizado, y no se enmascaran con palabras las intenciones ulteriores.

Responsabilidad: Se toma una obligación por las emociones, actuaciones y acuerdos.

Compromiso: Se responde emocionalmente, con la intención y la acción, a lo que se espera de uno por la honestidad, la veracidad y la responsabilidad. Es entonces cuando mostramos el valor de la integridad o la armonía entre lo que somos y lo que hacemos.

Lo anterior indica que cuando no existe la integridad se le produce a la otra persona angustia, incertidumbre y finalmente rabia.

3. El valor de la libertad

Ninguna persona vive satisfecha con otra si no se siente respetada, si no hay orden, si no hay disciplina, si la autoridad interior de uno, no se respeta. Eso quiere decir:

Libertad: Ejercicio libre de la voluntad con responsabilidad social, que se manifiesta en la conducta de la persona, al valorar la dignidad y la integridad tanto de sí misma como de los demás. Se manifiesta en el respeto a:

El orden: La armonía interior, producto del reconocimiento de los valores de la dignidad e integridad, me lleva a transferir el orden interno hacia la convivencia externa, por lo que me dirijo a vivir en paz con los demás.

La disciplina: Organizo mi vida para hacer las cosas correctamente y con consistencia dentro del marco de los acuerdos, como resultado de la valoración de los demás, al igual que de mí mismo.

La autoridad: Se respeta la autoridad investida en las personas, por lo que no se abusa emocional o físicamente, y se respetan las leyes, las normas sociales y empresariales. Todo esto produce un ambiente vigorizante que apoya la salud emocional y física de los seres humanos, al igual que a la operación de la empresa y su cultura.

Todo lo anterior nos dice que cuando no existe libertad, hay supresión de la voluntad, se pierde el deseo de servir y se produce una raíz de amargura.

El respeto: es a la identidad del ser humano, por lo tanto, toma en consideración todos los elementos de los valores para poder cumplir con ellos, basado en lo que es, lo que son los demás y la altura de desarrollo donde él está.

EJERCICIO

Reconocimiento de cómo puedo o me pueden herir
Esta sección muestra cómo reconocer cuando me estoy dejando herir por una persona que no tiene capacidad de ejercer los valores.

1. Dignidad, trato
Señala con una S, la expresión con la que te identificas respecto a cómo te tratan y cómo te sientes (si sientes tristeza, por ejemplo). Y señala con una X cómo quisieras que te trataran.

Valorar. ¿Cuándo te sientes valorado(a)?

___ Cuando se fijan en mí y en mi comportamiento, y cuando rindo los beneficios esperados por otros.

___ Solo cuando hago lo que se me dice.

___ Cuando me tengo que sacrificar para que la otra persona pueda llevarse bien conmigo, porque solo tengo que hacer lo que la otra persona quiere.

___ Cuando se me acepta por lo que soy, no por lo que puedan obtener de mí, ni por la apariencia que tengo. Yo también observo la conducta digna, responsable y de respeto. Y se me corrige para ayudarme.

Reconocer. ¿Cuándo una persona se siente reconocida?

___ Se reconoce a una persona para motivarla a que cumpla con lo que uno piensa que la persona debe hacer.

___ A las personas no se les puede dar reconocimiento constante porque se echan a descansar.

___ A las personas se les da reconocimiento solo cuando han hecho lo que deben hacer.

___ A las personas se les reconocen el logro, el esfuerzo, la persistencia, el deseo de contribuir y todo el sacrificio que hacen por aprender, y se les ayuda a mejorar los errores, con buen trato y consideración.

Apreciar. ¿Cuándo a una persona se la aprecia?

___ A las personas se las aprecia solamente cuando se portan bien.

___ A las personas se las aprecia cuando hacen lo que nos gusta que hagan.

___ A las personas se las aprecia cuando están de acuerdo con nuestras ideas.

___ A las personas se las aprecia por ser seres humanos, y se toma en consideración la etapa de desarrollo en que se encuentran (al observar si están listos para manifestar la conducta contratada, hacer lo que deben de hacer, pensar correctamente).

Considerar. ¿Cuándo a las personas se les tiene consideración?

___ Cuando estamos contentas con ellas.
___ Cuando hacen lo que les decimos.
___ Cuando queremos algo de ellas.
___ Cuando no las ofendemos verbal y no verbalmente, y nos enfocamos en aconsejarlas para que logren el comportamiento contratado, para el desarrollo de la misma persona y su responsabilidad en el grupo. Pero no se le ponen tareas, cargas y demandas injustas.

2. Integridad: confianza

Señala con una S, la expresión con la que te identificas respecto a cómo te tratan y cómo te sientes (si sientes ira, por ejemplo). Y señala con una X cómo quisieras que te trataran.

Veracidad. ¿Cuándo una persona es veraz?

___ La persona promete mucho cuando quiere algo, y después de lograrlo le dice al otro que ya no lo necesita.
___ La persona habla con agenda oculta y no es clara en sus intenciones.
___ La persona inventa historias, para persuadir al otro o enmascarar lo que está haciendo.
___ La persona habla claramente lo que quiere, busca y espera de otras personas, y no crea expectativas acerca de cosas para las que no tiene la capacidad o la intención de cumplir.

Honestidad. ¿Cuándo una persona es honesta?

___ La persona aparenta lo que no es.

___ La persona trata bien al otro hasta que logra lo que quiere.

___ La persona, después de tomar ventaja sobre otra, o utilizarla, le dice que ya no la necesita más o no vuelve a aparecer.

___ La persona es consistente en dar buen trato sin esperar; no busca sacar ventaja de los demás, y se comporta de acuerdo a lo que es y se espera de ella.

Responsabilidad. ¿Cuándo una persona es responsable?

___ La persona culpa a otro(a) de lo que siente o de lo que le pasa.

___ La persona culpa por sus emociones a otro(a).

___ La persona se compromete pero no cumple, y tiene ansiedad y frustración.

___ La persona toma responsabilidad de sus actos, emociones y deberes contraídos con otros. Acepta sus errores y tiene la capacidad de autoevaluación.

Compromiso. ¿Cuándo una persona es comprometida?

___ La persona no se esfuerza en hacer lo que dijo que haría.

___ La persona tiene poca estabilidad para cumplir los acuerdos.

___ La persona, cuando hace un acuerdo, crea dudas sobre su actuación.

___ La persona se esfuerza en cumplir los acuerdos, es consistente y da seguridad de que los cumplirá.

3. Libertad: voluntad libre

Señala con una S, la expresión con la que te identificas respecto a cómo te tratan y cómo te sientes (si sientes amargura, por ejemplo). Y señala con una X como quisieras que te trataran.

El orden. La armonía interior, producto del reconocimiento de los valores de la dignidad e integridad, me lleva a transferir el orden interno hacia la convivencia externa, por lo que me dirijo a vivir en paz con los demás. Una persona es ordenada cuando:

__ No reconoce la dignidad del ser humano, por lo tanto no respeta.
__ No ejerce la integridad en su conducta, no sigue reglas.
__ Causa molestia en los demás, sin importar el sentimiento ajeno.
__ Respeta, sigue las reglas y es sensible al impacto que causa en otros.

La disciplina. Una persona es disciplinada cuando:

__ Hace las cosas de las cuales es responsable solo cuando siente hacerlo.
__ La persona no cree que sea importante cumplir con horarios y responsabilidad compartida, pues siempre habrá alguien que lo haga.
__ La persona no sigue los reglamentos, porque de todos modos cree que no son tan necesarios.
__ La persona hace las cosas, no por lo que siente sino por la responsabilidad que tiene, y cumple con las reglas, horarios y todo lo que implique ser una persona disciplinada, cuando ha hecho un compromiso. Salvo casos excepcionales.

La autoridad. Hay una correcta autoridad cuando:

__ La persona no respeta la autoridad de los otros en cuanto a pensamientos, opiniones y preferencias personales que no impacten las relaciones.
__ La persona piensa que la autoridad del otro es un obstáculo para su libertad.

___ La persona no respeta las normas sociales de convivencia, ni las leyes.

___ La persona sabe que la mayor expresión de la autoridad y la libertad es el respeto a la dignidad, la integridad de las personas, de las leyes y reglas sociales, cuando estas se basan en los valores de dignidad, integridad y libertad.

EJERCICIO

Descubre la relación entre línea de vida y valores.
En una hoja aparte transcribe los siguientes cuadros. Luego realiza los ejercicios
Busca la lista de las situaciones que escribiste en la línea de vida y colócalas debajo de la columna que corresponda.

Las que me causaron gozo	Las que me causaron tristeza, rabia, amargura

Revisa bien los valores, luego de hacerlo, coloca las situaciones que te causaron gozo debajo de la columna correspondiente.

Dignidad	Integridad	Libertad

Busca ahora, en tu lista, las cosas que te causaron tristeza, ira, amargura, y colócalas en la columna que representa el valor que las otras personas no ejercieron, y que te causaron esas emociones.

Dignidad	Integridad	Libertad

Busca en la siguientes tablas los sentimientos que pueden describir las situaciones que te causaron tristeza, ira y amargura.

Dignidad	Integridad	Libertad
Trato	Confianza	Convivencia
No sentí que me amaban	La otra persona no era responsable	No me respetaban
Sentí el desprecio	No existía un buen manejo de las finanzas	Sentí el desengaño
Me dejaron de lado		Me decepcioné
Sentí que no me valoraron	Prometieron y no cumplieron.	Sentía que no tenía autoridad
No me tomaban en cuenta	Me mintieron	Sentí que me coartaban
Sentí soledad	No había sinceridad	No se me escuchaba
Se acabó el amor	Sentí que me utilizaban	El esposo(a), novio(a), no resultó lo que esperaba
No me agradecían	Se aprovecharon de mí	Me controlaban demasiado
Sentí la indiferencia	Me calumniaron	
Abusaron de mí	Sentí que me manipulaban	No cumplía con lo que se acordaba, toda la carga estaba sobre mí
No reconocían mi esfuerzo	Me traicionó la persona cercana a mí.	
Sentí que no me dieron el lugar ni el trato que merecía	No me cumplieron	Las expectativas no se cumplieron
No me comprendían	Fue injusto conmigo	La vida sexual fue un fracaso
Sentí que no me aceptaban	Me robaron	
Me golpeaban e insultaban	Me utilizaron para sacarme algo, y luego me dejaron	
Pensé que estaba en un callejón sin salida	Solo me buscaba cuando me necesitaba	
Sentí que tenía que vivir para complacer al otro(a)	Tuve que hacerme cargo de los hijos	
Sentí que no tenía vida		

Te darás cuenta de que las situaciones que te causaron tristeza están relacionadas al momento cuando el otro no ejerció su dignidad, su integridad o su libertad; en otras palabras, cuando realmente mostró lo que había dejado de ser.

Cuando te sentiste bien, fue porque la otra persona ejerció los valores de dignidad, integridad y libertad, o tú utilizaste los tuyos.

Cuando tenemos el conocimiento de los valores, no llegamos al punto del secuestro emocional de aquello que nos hicieron en forma consciente o inconsciente. Si hubo un daño legal, entonces tenemos el derecho de ir a las autoridades pertinentes, comenzando en la Iglesia, y luego si es necesario a la justicia para reclamar el derecho; de no haberlo, entonces debemos asegurarnos de trabajar nuestras heridas.

EJERCICIO

Meditación personal: identifica las cosas con las que hiciste conexión mientras leías, y qué ideas te surgieron. Esto es, lo que sientes que Dios te dijo basado en la situación en que estás.

Reflexión personal: analiza lo que puedes hacer con esas ideas. Debes recordar que aprender es la capacidad de vivir de acuerdo a principios.

Decisión personal: decide qué harás con ellas. Esta es una parte difícil, porque aquí obra la obediencia contra lo que se siente. Es el punto donde el crecimiento avanza al encontrar significado por medio del camino del sufrimiento, o donde se detiene por el miedo a crecer.

Reafirmación: escribe una declaración de reafirmación.
Aquí debes escribir los textos bíblicos que se aplican a tu situación, como guías de obediencia que has de seguir.

Grupo de apoyo: identifica qué ayuda necesitas, y quién te la puede dar. Busca personas con desarrollo espiritual y que tienen experiencia para ayudarte.

Capítulo IV

Sanidad de las heridas

Premisa
La constante para el cambio es la voluntad, o sea la decisión de cambiar de manera de pensar, confrontar el sufrimiento como punto de aprendizaje, y estar dispuesto a tomar un nuevo curso de vida.

Objetivo
Debo utilizar el conocimiento obtenido, durante la lectura del material, para procesar las heridas que me causó el sufrimiento a causa de los problemas que tuve.

Reflexión para sanar heridas. *"Por lo que padeció aprendió la obediencia".*

Meditación: "Nadie más me herirá".

Solo me hiere quien está herido, ninguna persona espiritual y emocionalmente sana hiere intencionalmente, ni tratará de herirme.

La herida es una atadura emocional que una persona que no practica los valores, me hace cuando no reafirmo los míos.

Los valores tradicionales, no fundamentales o deformados, y las emociones internalizadas están unidos al sistema neurofisiológico del ser humano, por lo que el aprendizaje también es emocional.

ANÁLISIS DE LAS HERIDAS

Analicemos las heridas por medio de sus tres disparadores:

a. La violación a la dignidad;
b. la violación a la integridad, y
c. la violación a la libertad.

Solo puedo ser herido(a) en las áreas de los valores que componen mi identidad y que no he reforzado:

La falta de no corresponder al amor, y la incapacidad de agradecimiento o la violación a la dignidad. Consiste en la violación a la entrega emocional que hago a otra persona, en forma de favores, aprecio, amor, etcétera, esperando que esta última corresponda de igual manera.

La falta de reciprocidad se convierte en tristeza, al ver que tanto esfuerzo no ha sido apreciado. Si no tengo bien en claro mi dignidad me produce la inhabilidad de superar este estado, situación que resulta en tristeza profunda, autocompasión y puede llevarme a que la herida se convierta en depresión.

La traición o violación a la integridad. Traición es la violación a la confianza que he depositado en una persona a la cual, de manera inconsciente, le otorgo permiso para que sea custodia de algo que aprecio.

Al depositar la confianza en el otro, partí de la falsa premisa de que el ser humano es perfecto, que no puede fallar, que es íntegro. La violación produce un dolor que se incorpora como emoción de ira y produce, a su vez, un deseo de venganza. Tal deseo de venganza puede ser consciente o inconsciente, y tiene como objetivo último castigar. Ese deseo de castigo generalmente se revierte y contribuye a mantener el sistema neurofisiológico activo, produciendo todo tipo de sentimientos que alteran la salud espiritual y física. Si la persona en quien se depositó la confianza, no tiene el valor de la integridad desarrollado, recibo como resultado una herida emocional que, además del deseo de venganza, produce la incapacidad de perdón

La integridad es la palabra más importante en la vida del ser humano, pues es la que mantiene la cohesión emocional. Cuando una persona no ejercita la integridad, tiene una personalidad dividida y no puede hablarse a sí misma correctamente, por lo que:

a. Se engaña a sí misma:
- Piensa que los demás son tontos.
- Piensa que lo que le hace a los demás se lo merecen.
- Piensa que lo que está haciendo es correcto.
- Porque la consideración no se percibe, engañan tanto a la familia como al que no es familiar.

b. Se mienten a sí mismos:
- Operan basados en la mentira para esconder sus propósitos.
- La mentira los lleva a crear una cadena de mentiras.
- La mayor mentira está en que ellos mismos se la creen, de otra manera no la dirían, porque están convencidos de que esa es la verdad.

c. Se van cerrando en un círculo:
- Van cambiando su personalidad, hasta el punto que dejan de ser ellos mismos.
- Todos perciben la nueva persona deteriorada, menos ellos mismos.
- Confunden el aprecio que se les tiene, con creer que las personas no se dan cuenta de quiénes son.
- Finalmente, ya no pueden dejar de ser lo que ya son, no lo pueden disimular.
- Al verse atrapada en esta última dimensión la persona puede ser agresiva y abusadora, para tratar de manipular la aceptación de lo que son.

El desengaño o la violación a la libertad. Consiste en la creación de una expectativa de conducta sobre un ser humano que aprecio y sobre quien genero cierta expectativa de conducta. Una violación a esa expectativa produce un dolor inesperado. Dolor que se incorpora como una emoción de culpa sobre la persona que ha violado mi expectativa y produce una sensación de amargura. Esta consiste en el deseo inconsciente de que el violador(a) cumpla con la expectativa generada, desconociendo la incapacidad emocional y ética de esa persona para cumplirla.

En las tres situaciones anteriores, el desconocimiento del concepto del perdón me produce la acumulación de estos sucesos como emociones negativas en mi sistema neurofisiológico. Si no reafirmo el valor de la libertad bien claro, me ato emocionalmente con amargura a la persona que me provocó la herida.

Los sucesos o situaciones, ya asimilados como heridas y emociones negativas, crean en mí sentimientos asociados. Estos actúan sobre mis estados de ánimo producidos por los estímulos exteriores, lo mismo que por el fenómeno de la proyección se identifican con las situaciones que crearon las emociones negativas. En otras palabras: Puedo reflejar en otro lo que ya llevo por dentro. Los sentimientos asociados –que aparecen más abajo– todos los pasamos bajo condiciones de herida, el problema real no es dejar de sentirlos sino quedarnos ahí. Recrearnos ahí, para tener cierta recompensa personal en demandar inconscientemente aprecio por el sufrimiento, el que realmente no le importa a quien nos los causa. Por lo tanto, debemos trabajar rápidamente ese proceso, reconociendo quiénes nos hieren, y buscando ayuda.

Estos sentimientos son:

Enojo. Este es un deseo de castigo en contra de todo el que se parezca a los que me produjeron las heridas. Es un estado de rebelión que me lleva a hacer cosas:
- Con maldad: aquellas que puedan causar el mismo dolor que yo siento.

- Con temeridad: con el propósito de mostrar el dolor que experimento.
- Con castigo: son las orientadas a que la otra persona sufra en la misma proporción que yo. En cierto sentido, el castigo es el deseo de venganza.

Tristeza. Consiste en no sentirme apreciado. Sentir que no se reconoce la entrega que hice, el sacrificio, ni los favores realizados. Siento que no se me aprecia realmente y, por lo tanto, llego a pensar:
- "No me aman": no siento el gozo que otro me debe proveer.
- "No me aprecian": no siento la paz, que se supone otros me proveen.
- "No les soy útil": considero que no se reconoce mi potencial, mi experiencia y el amor que acompaña lo que digo.
- "No me agradecen": me resiento porque los demás no consideran que lo que hago tiene suficiente valor para ser correspondido.

Amargura. En este caso, la persona no se siente bien por culpa del desengaño. Se siente herida y con un intenso temor de que se la vuelva a engañar. En estas circunstancias piensa:
- "No les interesa mi dolor".
- "No me escuchan, ni se dan cuenta de lo que siento dentro de mí".
- "No me comprenden".
- "No se dan cuenta de la profunda soledad que experimento".

Estos tres sentimientos, aunque aquí los presento separados, en la práctica están integrados, y llevan al pesimismo, la ansiedad y la depresión. Ellos alteran el sistema inmunológico, limitan el gozo y predisponen a la enfermedad y aún al fracaso. Más aún, mantienen en un estado de opresión.

CERREMOS LAS HERIDAS

Reflexión: No me había dado cuenta de que solo el herido me puede herir, de que quien no valoriza su dignidad, no puede valorar la mía; no me puede amar, ni reconocer. Es una persona egoísta, vive para sí y no hay forma de satisfacerla. Me he esclavizado, desviviéndome para que se sienta bien y cada día me exige más. Me he dado cuenta de que quien no tiene libertad esclaviza al otro. He reconocido que no he negociado mis valores ni mis emociones correctamente.

Reconozco que la fiebre, el dolor y las emociones son señales de vida, que nos impulsan a buscar soluciones. La fiebre sirve para detectar virus que nos invaden, el dolor sirve para indicar que algo no está funcionando bien dentro de nosotros y la emoción sirve para decirnos a qué altura estamos de nuestro desarrollo interior.

Mis emociones son una respuesta que me dice cuán bien desarrollado estoy para manejar los estímulos internos, qué área interna de mi vida debe ser sanada y qué debo aprender.

Reconozco que la sociedad me ha preparado para sufrir, para no ser. Pero ahora yo soy responsable de mí, de aquí en adelante.

Decisión: tomaré el camino de mi autodesarrollo, y aceptaré que quien me acompaña debe tomar la responsabilidad de quien es, y así tener comunión en nuestra identidad, para no vivir en codependencia. Acepto que es un proceso de aprendizaje, pero que debe tener un comienzo.

Reafirmación: hoy he decidido tomar control de mis emociones y ser responsable de mis respuestas; entiendo que toma tiempo romper el acondicionamiento, pero lo lograré. Por tanto, no culparé a nadie por mis emociones, no guardaré el enojo y aprenderé a perdonarme por todo lo que me ha pasado.

No culparé a nadie por mis emociones

La culpa es una raíz de amargura estimulada por una experiencia vivida o por identificarse inmaduramente con alguna experiencia negativa de alguien a quien se ama.

Esto conduce a:

- Una posición mental que niega la responsabilidad del sufrimiento por la inmadurez propia.
- La adicción o la herida constante de la autoestima, y la búsqueda de alicientes exteriores por medio de:
  - La venganza
  - La calumnia
  - La supresión del aprendizaje
  - La autodestrucción

No guardaré el enojo

"Airaos, pero no pequéis; no se ponga el sol sobre vuestro enojo". Tengo derecho a molestarme pero, como no culpo por mis emociones sino que trato de aprender de ellas, entonces puedo disminuir el tiempo de enojo. El enojo es la represión de la ira, producto de la culpa, y bloquea la capacidad de desarrollar relaciones efectivas. Produce un estado de esclavitud emocional por la incapacidad de tomar responsabilidad por las acciones propias y perdonar las ofensas de otros. Puede manifestarse como el desplazamiento inconsciente, hacia terceras personas, de la raíz de amargura que se trae en el corazón.

El enojo produce:

- insatisfacción
- intolerancia
- infelicidad
- enfermedad

Me aseguraré de perdonar

El perdón tiene cuatro principios fundamentales:

1. Armoniza mis sentimientos con el pacto de amor de Dios hacia mí. *"Él es el que perdona tus iniquidades", "Padre (...) que sean uno así como nosotros".*
2. Es armonizar el pacto de perdón de Dios conmigo: *"Perdónanos nuestras deudas así como también nosotros perdonamos a nuestros deudores".*
3. Es llevar al otro conmigo a la Cruz.
4. No tiene límites ni condiciones: *"¿Cuantas veces perdonaré...? ... hasta setenta veces siete", "Dios estaba en Cristo reconciliando consigo al mundo", "Padre, perdónalos porque no saben lo que hacen".*

Realmente el perdón es hacia mí, pues las otras personas jamás pueden sufrir lo que yo sufro; y muchas lo que me causaron es precisamente eso, que yo sufra, y mientras lo hago las estoy complaciendo. Y me he dado cuenta de que es más que eso, me han robado mi identidad.

El no perdonar es la raíz de amargura que ata al corazón a las cadenas de la culpa y del enojo, y que impide el desarrollo integral del espíritu, alma y cuerpo del individuo. Es evitar el renacer de la personalidad, que el ser humano desaprenda y se abra a una nueva dimensión de vida.

El no perdonar:

- Ata la emoción al suceso.
- No reconoce la posibilidad de cambio en la conducta humana.
- Es un impedimento a lo nuevo que se puede aprender de la situación.
- No puede diferenciar las situaciones y las personas.
- Continúa atando al pasado.
- Y, en muchos casos, se comienza un proceso de autodestrucción.

El autoperdón es la única medicina que me libera del pasado. Por lo que declaro que lo que hice ayer lo hice con el conocimiento y el desarrollo interior que tenía en ese momento, lo que hago hoy lo hago con el conocimiento que tengo hoy, por lo tanto soy libre. Si hice algo a alguien, le pediré perdón, y lo haré con cuidado porque no todo el mundo está preparado para escuchar lo que se le quiere decir. No todo lo que quiero decir puedo decirlo a quien se lo quiero decir en el momento en que quiero decirlo, por lo que buscaré el tiempo, el lugar y la forma, y pensaré que, si la otra persona no está consciente ni mucho menos preparada, no hay necesidad de traerle a la mente lo que nunca ha tenido en ella. La Madre Dominga, fundadora de las Hermanas Dominicas de Fátima, decía: "La franqueza sin sensibilidad es crueldad extrema".

EL PRINCIPIO DEL DESARROLLO DE LA IDENTIDAD

El principio del desarrollo consiste en leer y estudiar La Palabra para obedecer. Desarrollamos la integridad por la manera de pensar que se da por ir creciendo a la imagen del que nos creó. En Efesios 4:22 y 23, el apóstol Pablo nos invita a despojarnos del viejo hombre y revestirnos del nuevo hombre, renovándonos en el espíritu de nuestra mente. En el libro de Romanos (12:2) nos señala la necesidad de la renovación del entendimiento para entender la voluntad de Dios.

"Por lo demás, hermanos (...) en esto pensad" (Filipenses 4:8).

El cristiano debe leer La Biblia no tan solo para ver qué le dice hoy Dios o qué bendición tiene, sino buscando que lo leído le ayude a renovar el pensamiento, las emociones, los deseos y el habla.

He escrito dos libros más en relación con el éxito del ser humano, tal como lo recogió Pedro Martínez de quien comenté al comienzo de este libro, *Autoayuda en la crisis*, para guiar al ser humano en el proceso de liberación del secuestro emocional; y *Más allá de la inteligencia emocional: Inteligencia espiritual, libertad plena*, para asistirlo en una referencia interior de desarrollo, crecer y evitar el secuestro emocional.

El ser humano, al ocuparse del desarrollo de su identidad, se confronta con la necesidad de trabajar en cuatro áreas de su vida. Resulta de vital importancia el poder analizar, de forma serena y objetiva, cómo es que se han ido formando tales áreas y cómo es que afectan toda la vida. Además, es importante entender que el desarrollo de la identidad es un proceso de renovación continua en cada una de dichas áreas. Estas son:

- La renovación del pensamiento
- La renovación de las emociones
- La renovación de los deseos
- La renovación del lenguaje
- La renovación de la cultura

Se trata de la conversación interior que tiene la persona en relación a dejar la pasada manera de vivir y un pensamiento esclavo de la cultura, que necesita –según el apóstol Pablo en Efesios 4:22– ser renovado; esto determina el curso que le da a su vida. Si no se da la renovación del pensamiento o entendimiento de la persona, el diálogo seguirá siendo el mismo que la llevó a la pérdida de su identidad original.

La cultura, por medio de los mitos y símbolos propios, juega un papel importante en la formación de la manera de pensar del ser humano; y, aun de manera inconsciente, influye en la formulación de las ideas, de lo que se tiene por valores, que en realidad son normas de comportamiento social. Los valores universales del ser humano son dignidad, integridad y libertad, y tienen la capacidad de mantener la sanidad mental cuando las normas sociales pierden su eficacia, como está pasando hoy en día.

La renovación de las emociones

"Haya, pues, en vosotros este sentir que hubo también en Cristo Jesús...", "Y de conocer el amor de Cristo, que excede a todo conocimiento...". La forma en que ha aprendido a procesar los estímulos externos y sus diálogos internos, impulsa a la persona al logro de oportunidades y a la comprensión del momento que vive o inhibe el desarrollo de su identidad. Dicha forma es resultado del proceso de socialización, que ocurre en el seno de la familia y con las personas más allegadas al individuo, dado que las mismas afectan sensiblemente su desarrollo. En esta área la dignidad provee un marco interior de referencia para el procesamiento de las emociones destructivas que, en forma de estímulos externos, impactan la vida del ser humano; porque la dignidad es dejar fluir *"el amor de Dios que ha sido derramado en nuestros corazones...".*

De igual manera, los patrones de pensamiento de la persona y la forma en que estos afectan su sistema fisiológico determinan la reacción emocional que condiciona su voluntad y que facilita o bloquea su capacidad de aprendizaje.

La capacidad que tiene la persona para salir del ciclo de culpa, producido por la pérdida de su estabilidad emocional generada por el cambio, es la que le permite explorar nuevas alternativas de acción, y generar así la energía que le facilitará seguir adelante en el desarrollo de su identidad.

La renovación de los deseos

La armonización de la manera de pensar y las emociones permite establecer metas claras y definidas. De este modo cada situación que la persona vive se convierte en un motivo de evaluación y aprendizaje para el desarrollo de la identidad. Cuando esto no ocurre, la persona queda a merced de sus apetitos biológicos o de los acondicionamientos sociales y carece de fuerza para establecer un equilibrio entre las necesidades biológicas, que son naturales, y la conducta moral conveniente. En estas circunstancias es previsible que la persona entre en un proceso degenerativo acelerado. En este punto el valor de la libertad nos da la capacidad de discriminar y seleccionar la forma en que suplimos las necesidades, sin dañarnos, ni dañar al otro. Es desear La Palabra, es huir de los deseos de niños, es alejarse de las obras de la carne.

La renovación del lenguaje

> Sea vuestro hablar: Sí, sí; no, no; porque lo que es más de esto, de mal procede.
>
> Sea vuestra palabra siempre con gracia, sazonada con sal, para que sepáis cómo debéis responder.
>
> Ninguna palabra corrompida salga de vuestra boca, sino la que sea buena para la necesaria edificación, a fin de dar gracia a los oyentes. Y no contristéis al Espíritu Santo de Dios...

Consiste en el desarrollo de la capacidad de sintonizar el pensamiento, las emociones y los deseos con el Espíritu Santo, facilitando así una armonía entre el diálogo interior y los estímulos exteriores, donde las palabras de la persona son productoras de vida.

La persona que desarrolla una estabilidad entre sus pensamientos, emociones y deseos actúa bajo la acción positiva del Espíritu. Esto la lleva a tener satisfacción interior, a no depender de las circunstancias y a mantener la energía que le permite analizar adecuadamente lo que conviene hacer en cada circunstancia de la vida.

LOS ANTÍDOTOS CONTRA LAS ADICCIONES DE LAS NECESIDADES

Dignidad: es el antídoto contra las necesidades del ego, cuando alguien no me puede amar, valorar, reconocer y apreciar, o cuando no tengo los objetos de marcas que guían las preferencia en el uso de las cosas, sea ropa, autos, etc.

- La dignidad me protege de aquellos que no ejercen los valores.
- La dignidad me libera de los estímulos de las marcas.
- Yo puedo usar todo, sin dejarme condicionar.
- Tengo necesidades básicas, pero si las otras personas no tienen capacidad de suplirlas y yo no reconozco mi dignidad:
  - me pongo triste,
  - sufro
  - y aparento que estoy bien;
  - me cubro por fuera, pero por dentro estoy herido(a).
  - Me secuestran emocionalmente.

Integridad: es el antídoto contra la necesidad de realización, cuando alguien me traiciona o cuando pienso hacer algo incorrecto para tener los símbolos de éxito.

- "No dejaré que los símbolos dirijan mi emoción, porque yo sé quien soy".
- "Lo que obtenga habrá de ser con integridad".
- "No aceptaré propuestas que no estén armonizadas con mis valores, por lindas y prometedoras que parezcan".

"Vale más consumir vanidades de la vida, que consumir la vida en vanidades", dijo Sor Juana Inés de la Cruz

Libertad: es el antídoto contra los deseos de las necesidades fisiológicas. "No dañaré mi cuerpo".

- Como todo ser humano tengo necesidades fisiológicas.
- Las necesidades pueden controlarse.
- No tenemos que responder desordenadamente.
- Debemos proteger nuestras vidas.
- El mundo de hoy se basa en crear necesidades cada vez más destructivas, y me quieren hacer creer que yo no tengo capacidad interior para tener dominio propio.
- Yo preservaré la salud de mi cuerpo y haré todo ordenadamente.

- Algunos me quieren hacer creer que, si soy libre, puedo hacer todo lo que se me venga en gana, pero la mayor prueba de mi libertad es la convivencia, el respeto a mí y a los demás. Cuando no lo hago, entonces entrego mi libertad.

Jesús dijo: *"... yo he venido para que tengan vida, y para que la tengan en abundancia".*

Debes dejar de penalizarte porque te dejaste encerrar por las emociones de los demás, por los recuerdos y por la incapacidad de los otros de procesar sus emociones. Quedaste encerrado en los recuerdos de ellos, en sus emociones, y comenzaste a vivir sus vidas emocionales en ti. Comienza a vivir tu vida abundante.

EJERCICIO

Meditación personal: identifica las cosas con las que hiciste conexión mientras leías, y qué ideas te surgieron. Esto es, lo que sientes que Dios te dijo basado en la situación en que estás.

Reflexión personal: analiza lo que puedes hacer con esas ideas. Debes recordar que aprender es la capacidad de vivir de acuerdo a principios.

Decisión personal: decide qué harás con ellas. Esta es una parte difícil, porque aquí obra la obediencia contra lo que se siente. Es el punto donde el crecimiento avanza al encontrar significado por medio del camino del sufrimiento, o donde se detiene por el miedo a crecer.

Reafirmación: escribe una declaración de reafirmación.

Aquí debes escribir los textos bíblicos que se aplican a tu situación como las guías de obediencia que has de seguir.

Grupo de apoyo: identifica qué ayuda necesitas, y quién te la puede dar. Busca personas con desarrollo espiritual y que tengan experiencia para ayudarte.

Capítulo V

Los valores y los conflictos de las parejas

Premisa

Los cristianos deben comprender el propósito del matrimonio de acuerdo a La Palabra de Dios en contra de los conceptos culturales. Muchas veces los conflictos del matrimonio se originan al no ejercer los valores del diseño de Dios restaurado en Cristo; analizan sus problemas basados en aquello que les pasa y en lo que sienten, en vez de lo que dejan de ser y lo que no obedecen.

Objetivo

Que los cristianos puedan identificar los problemas de sus matrimonios con la práctica o no de los valores.

Que las parejas cristianas puedan crecer en los valores como medio de desarrollar relaciones y hogares sanos, que sean luz al mundo.

LOS PROBLEMAS MÁS COMUNES DEL MATRIMONIO

A medida que avanzamos, en el proceso de deterioro social que hemos analizado, es de importancia vital que retomemos el proceso de armonización de la convivencia familiar, fundamento psicosocial de la salud mental. La pareja que da inicio a la familia debe tener en claro cuál es la base su relación. Esta es reproducir el modelo de amor entre Cristo y la Iglesia como un testimonio para la sociedad, creando un ambiente sano para los hijos. Eso es lo que nos enseña el apóstol Pablo en Efesios, donde establece cuál debe ser la conducta, por obediencia, no por conocimiento ni emociones sino por sujeción al plan de Dios en la vida de ambos, como administradores de su gracia y representantes idóneos del reino de Dios (Efesios 5:21-33).

Es importante considerar:

- La importancia de la familia en la salud mental.
- El hogar y la pareja.
- La necesidad de desarrollar un hogar fuerte.
- La transición hacia la reedificación de la familia.
- Los problemas más comunes de la familia.
- El papel de los valores en la equidad como base de la integración.

LA IMPORTANCIA DE LA FAMILIA

En la familia se da el ejercicio visible del amor, la valoración de la diferencia y la equidad, por medio de la práctica en las relaciones de los valores que definen al ser humano y que se muestran a través de un trato:

- digno: amor
- íntegro: confianza
- libre: respeto

Cada componente de la familia, dentro del marco de los valores, y la responsabilidad social compartida que estos dirigen, tiene el pleno derecho a:

- la vida
- la propiedad
- la libertad

Es el ejercicio visible del amor, por el cual un hombre y una mujer, de estructuras diferentes, se unen en un pacto de valores y equidad para cuidarse, procrear y establecer un ambiente sano y vigorizante que produzca ciudadanos con valores y responsabilidad social.

EL HOGAR ES EL CONTENIDO DE UNA VISIÓN

El hogar no es tan solo una unión física. Para que tenga sentido ha de ser un taller de desarrollo espiritual, donde todos trabajen en el desarrollo de valores y se ayuden mutuamente a crecer en:

- dignidad
- integridad
- respeto

La figura 3 define la importancia de que el hogar sea una **comunidad terapéutica**. Es decir, un ambiente donde se facilite el apoderamiento interior, que habilite por la nutrición un modelaje efectivo de los valores y que posibilite la transferencia de una educación de formación que ayude al aprendizaje de la práctica de una conducta basada en valores.

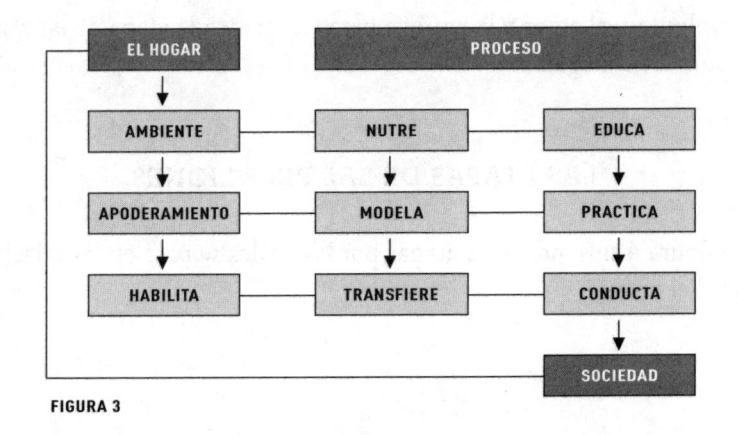

EL HOGAR	PROCESO		
AMBIENTE	NUTRE		EDUCA
APODERAMIENTO	MODELA		PRACTICA
HABILITA	TRANSFIERE		CONDUCTA
			SOCIEDAD

FIGURA 3

En ese contexto el ambiente creado facilita que el ser humano utilice todo su potencial para desempeñarse en la vida, en medio de una sociedad cambiante y competitiva. Criarse en ese ambiente impulsa a la:

- salud física y mental
- responsabilidad personal y social
- actitud de emprendimiento
- innovación
- habilidad de pensamiento crítico
- capacidad de desarrollo continuo
- y al apoyo para la prevención de heridas

Las heridas emocionales que promueven la violencia se manifiestan a través de:

- maltrato
- abuso de sustancias
- criminalidad
- pobre desempeño y deserción escolar
- y muchos otros problemas de conducta

Mantener un hogar que sea una comunidad terapéutica requiere la voluntad, el amor y la entrega para trabajar cada etapa de las relaciones en el hogar.

LAS ETAPAS DE LAS RELACIONES

La figura 4 nos indica las etapas por las cuales se pasa en las relaciones del hogar.

Etapa de la ilusión
Es la negación total a todo tipo de conflicto que nos introduce en un estado de ensueño.

Etapa de descubrimiento
Es cuando nos confrontamos con la realidad de si estábamos preparados para esa experiencia. Cuando comenzamos a conocer la realidad de quién es la otra persona y también, posiblemente, de quiénes somos en realidad para la relación.

Etapa de negociación
Es la etapa cuando debemos reconciliar interiormente nuestras expectativas, suposiciones y realidades para ganar estabilidad interior, procesar las emociones y tener la habilidad de negociar efectivamente.

Etapa de comunicación
Ganada la compostura inicial de reconciliación interna, estamos en la posición de negociar con la pareja. La meta será corregir el rumbo para el mantenimiento del hogar.

Es un error tratar de negociar las expectativas e ilusiones sin reconciliar internamente nuestras emociones para poder concentrarnos objetivamente en cómo negociar. Este es un deber autocompartido.

Fatiga
Si la evaluación es unipersonal, y la otra persona no evalúa su nivel de sensibilidad, madurez y estima para poder escuchar, tener empatía con la altura de desarrollo en la que se encuentra el otro para remover estímulos, conductas y actitudes dañinas, entonces puede producirse la fatiga emocional. Es el punto donde aflora la amargura y la autoculpa: "no debí haberme casado", "debí recibir consejos", "debí esperar más para conocerlo(a) mejor".

Media vida

La media vida es la edad de la evaluación profunda de dónde estoy, qué ha pasado con mi vida y qué he sacado de todo esto. Comienza a sentirse una ansiedad de romper con todo, de búsqueda de realización emocional, económica, intelectual. Si no hay un acuerdo en el proceso de comunicación y se entra a la media vida con la situación de sacrificio unilateral por mantener la relación y no se vislumbra un cambio, se produce un estado de cansancio situacional, que se caracteriza por un sentimiento de que no se es valorado(a) correctamente, de que se está en un callejón sin salida, que comienzan las canas, las arrugas y posiblemente las enfermedades, y no se ha completado la ilusión. Aquí se da el punto de ruptura.

EVALUACIÓN PROFUNDA

Esta es una evaluación obligatoria, el paso de la ilusión a la realidad; y, aunque debió hacerse antes del matrimonio, en esta etapa es totalmente impostergable.

Señala a continuación la opción que se ajusta a tu vida:

¿Por qué y para qué me casé? (favor de no poner ¿contra quién me casé?):

- Soledad
- Seguridad
- Complacer a la familia
- Presión social
- Quería tener un hombre
- Quería tener una mujer
- Quería tener hijos
- Quería edificar un hogar

Escribe qué es lo que más te atrajo de tu pareja:

- ¿Cuáles fueron tus ilusiones y tus expectativas?
- ¿Qué temores tenías?
- ¿Qué quisieras que cambiara?

Esta última pregunta es la base fundamental de la renegociación, porque todo lo anterior es evaluación personal, pero ahora es el momento de esa conciliación de la última etapa de la vida útil; aquella en la que aprendimos cómo seguir ayudando a la familia y a la sociedad sin perder la armonía personal y de pareja.

Renegociación

Aun cuando este ciclo puede repetirse varias veces a lo largo del matrimonio, en la etapa de la media vida amerita una renegociación profunda, de parte de ambos, para poder seguir funcionando. Es aquí donde entra el papel de los valores, también a lo largo de los ciclos del matrimonio, para poder autoevaluarse y establecer acuerdo dentro del marco de los valores para mantener la unidad de la familia. De no ser así, la ruptura es evidente.

ETAPAS DE CONFLICTO

Renegociación
Media Vida
Fatiga
- Deseo de romper con todo
Comunicar
- Necesidad de realizarme
Negociar
- Cansancio
Descubrir
- No se siente la valoración
Ilusión
- Estoy envejeciendo
- Necesito disfrutar

Figura 4

En cada etapa de evaluación, comunicación y negociación, es importante tener claridad de que área de valores no se ha seguido, para poder tener metas personales y de pareja para solucionar la situación.

LOS PROBLEMAS DE LAS PAREJAS Y LOS VALORES

El hogar se fundamenta en las relaciones de pareja basadas en el mandato de Dios de ser una sola carne. Los siguientes son los elementos fundamentales que inciden en las relaciones de pareja y que muchas veces determinan el fracaso:

1. La dignidad, la comunicación y las conductas del trato

- valoración
- consideración
- reconocimiento
- aprecio

Esa es el área directa, que depende mucho de la madurez de una de las dos partes, de la manera que ha desarrollado su personalidad, de la influencia cultural y del hogar que ha tenido. Pero sobre todo del desarrollo de los valores de la identidad.

Existen, además, las siguientes áreas indirectas:

Intromisión: Puede ser de familiares o amistades.

Es el disgusto que se siente cuando los familiares cercanos a la pareja tienen influencia en las relaciones. En muchos casos, las mujeres tienden a ir más hacia el lado de sus familiares y los hombres hacia el área de las amistades. Puede también darse el caso del hombre que permite a la madre que entre en el círculo de las relaciones de pareja, se da mucho con los hijos únicos. O con la mujer que, por ser mujer, ha tenido una mayor intimidad con su madre.

Acuerdos en la disciplina: Esta área tiene que ver, además de otras situaciones, con:

- Las preferencias que algunos padres toman o la percepción de algunos hijos con relación a esta preferencia.

- El carácter y el ejercicio de los valores de los padres.
- La composición de la familia.
- La aplicación de los valores en la conducta y en la enseñanza de los hijos.
- Los hijos de otros matrimonios o relaciones que traen consigo percepciones sobre los padres y, muchas veces, tienen un proceso de no aceptación en la edad de la adolescencia.
- El conflicto de la persona que no es el padre, o madre, para ejercer la disciplina sin ser percibido como que parcializa, tanto por los hijos como por el padre o la madre naturales de esos hijos.
- La dualidad de procedencia de hogares, los niveles de confianza individual son trasmitidos a los hijos en el proceso de aplicar la disciplina.
- El que los padres no tengan un nivel de comunicación efectiva entre ellos; esto es percibido por los hijos y tienden, inconscientemente, a parcializarse con uno de los dos.
- El que uno o los dos padres tomen de confidentes de los problemas o conflictos emocionales a sus hijos.

En todos los casos arriba mencionados el común denominador es no ejercer apropiadamente el valor de la dignidad.

Es importante, también, *la relación entre la integridad y el poder crear un ambiente de confianza*, que bloquee el proceso de ira que se introduce cuando los valores no son aplicados correctamente en esta área.

2. La integridad, la conducta y la creación de confianza

Esta es el área directa que depende mucho de la madurez de una de las dos partes para aceptar responsabilidad y no culpar. En la conducta se observa:

- honestidad
- veracidad

- responsabilidad
- compromiso

Es el área de las relaciones y las expectativas conductuales de uno y de otro. Aquí las parejas deben estar conscientes de que la confianza emerge por la práctica de la conducta y que el no practicarla crea en la otra persona mucha ansiedad y rabia, puesto que en esta parte existe la necesidad de seguridad en la permanencia de las relaciones y del nivel de descanso afectivo.

Administración y utilización de los recursos comunes
Esta parte tiene que ver con la seguridad de los recursos compartidos. Debemos recordar que, por lo general, es el área donde la mujer tiene un alto sentido de responsabilidad basado en proteger la seguridad económica del hogar y del futuro de los hijos. Si el hombre no tiene sensibilidad en este aspecto, se introduce mucha decepción en la mujer. También es importante reconocer que si la mujer no tiene un criterio correcto en el uso del dinero produce en el hombre ansiedad, y ambos entran en un proceso de ira. Los siguientes son puntos fundamentales:

- El mayor problema se da por la posibilidad futura de no saber cómo se va a sobrevivir; cómo se va a costear el estudio de los hijos; qué se hará después de que estos se vayan; qué puede pasar si uno de los dos se muere o se divorcian. En fin, es el área donde si no se tiene un plan de vida para la familia, la rutina y la falta de previsión puede llevar a la inseguridad en cuanto al futuro.

- Está relacionada con el presupuesto de lo que se recibe; cómo manejar el dinero, cómo trabajar el proceso de endeudamiento y la forma ordenada o desordenada en que se llenan las necesidades. Es el área del gasto superfluo o del control excesivo por una de las dos partes para impedir que hayan gastos innecesarios e irrazonables.

- Es el área donde uno de los dos no es consecuente con el esfuerzo del otro, no tan solo en el apoyo sino en la forma como se gasta el dinero.

- Donde no se ejerce la fidelidad, tanto conyugal como en el uso del dinero, se crea un estado de disgusto. Cuando hay infidelidad en lo económico existe un despilfarro de dinero para poder satisfacer las necesidades extras, que no son del hogar, ya sean económicas o afectivas.

Indudablemente los elementos condicionantes son:

- No tener un plan de vida.
- No ejercer los valores correctamente.
- La introducción de la culpa como elemento catalizador.

3. Libertad, respeto y las conductas relacionadas con la sensibilidad

Esta es el área de la convivencia íntima de la pareja, que se ve afectada por los siguientes elementos:

Convivencia y respeto

En el área de las relaciones directas de la pareja el respeto se muestra por:

- el orden
- la autoridad
- la disciplina

Aquí cada una de las partes tienen la sensibilidad de escuchar y transferir el orden interior o grado de desarrollo al proceso de comunicación que tienen, en que ambos practiquen el principio de *"someteos unos a otros"* y, por lo tanto, ambos negocien y apliquen la autoridad compartida. De este modo se utiliza la disciplina como una consideración, y el machismo, la imposición de carácter, de voluntades y de emociones no se aplican entre ellos, y tampoco en los hijos.

Convivencia íntima
Condicionantes
En el área del sexo muchas parejas entran en conflictos por situaciones pasadas que inciden en las inhibiciones. Pueden ser: problemas con el padre o madre que les producen inhibiciones; creencias religiosas; el uso de sustancias que bloquean la efectividad sexual, incluyendo medicamentos, alcohol, drogas; enfermedades; la vida social cargada o sin ninguna actividad, hechos que minan la voluntad y la disposición.

Estimulantes
Otro de los problemas en la vida de la pareja es no tener procesos o vida personal que les faciliten la estimulación sexual. Entre ellos, además de las enfermedades, el consumo de sustancias y otros condicionantes, la no existencia de patrones de salud tales como ejercicios físicos, relajación mental y el conocimiento de estímulos precoitales que sirvan de excitantes; así como también la apertura en las comunicaciones para entenderse mejor en esta área; y en gran cantidad de veces, la falta de ayuda profesional.

Inhibidores
Existe inhibidores situacionales tales como: en qué momento y en qué lugar, y problemas de disgustos por diversos motivos que se oponen a la plenitud de las relaciones. Las relaciones íntimas se hacen rutinarias, no hay variación, se pierde la expectativa. Muchas veces no existe el arreglo, la mujer en vez de lucir sus encantos, por cansancio y por falta de sabiduría, en el momento de intimidad sexual luce fea, con ruleros en su cabeza, etc. El hombre por igual, no introduce la ambientación necesaria.

Un inventario de estas tres áreas y un análisis situacional y emocional pueden bien arrojar una luz en los aspectos a trabajar

En la siguiente lista marca debajo de cada valor lo que siente una persona cuando hay problemas en una de las áreas de trato, confianza y convivencia.

DIGNIDAD	INTEGRIDAD	LIBERTAD
Estima – trato	Realización - confianza	Fisiológica - convivencia y respeto
No siento que me ama	La otra persona no es responsable	No me respeta
Siento que me desprecia		Siento desengaño
Siento que no me valora	No existe un buen manejo de las finanzas	Siento decepción
Siento soledad	Promete y no cumple	Siento que no tengo autoridad
Se acabó el amor	Me miente	Siento que coarta mi libertad
Siento la indiferencia	No hay sinceridad	No me escucha
No me reconoce el esfuerzo	Siento que me utiliza	El trabajo no resulta lo que pensaba
No me trata como merezco	Se aprovecha de mí	El jefe no es lo que esperaba
Siento el desprecio	Me calumnia	
No siento la aceptación	Mi mejor amigo(a) me traiciona	El esposo (la esposa, el novio, la novia) no resultó lo que esperaba
Siento el abandono	Siento que no me cumple	Siento que no me comprende
Vivo complaciéndolo(a); pero nadie lo(a) complace	Siento que no se puede confiar en nadie	Siento que no tengo otra salida
Tengo problemas con su familia	Siento la injusticia	
No expresa lo que siente	Siento que abusaron de mi confianza	
No me gusta que me celen		
Siento muchos celos		

Al llegar hasta aquí, te has dado cuenta de la importancia de los valores en todas las áreas del ser humano. En el próximo capítulo estaremos enfocándonos en la importancia de sanar las heridas.

EJERCICIO

Meditación personal: identifica las cosas con las que hiciste conexión mientras leías, y qué ideas te surgieron. Esto es: lo que sientes que Dios te dijo basado en la situación en que estás.

Reflexión personal: analiza lo que puedes hacer con esas ideas. Debes recordar que aprender es la capacidad de vivir de acuerdo a principios.

Decisión personal: decide qué harás con ellas. Esta es una parte difícil, porque aquí obra la obediencia contra lo que se siente. Es el punto donde el crecimiento avanza al encontrar significado por medio del camino del sufrimiento, o donde se detiene por el miedo a crecer.

Reafirmación: escribe una declaración de reafirmación.

Aquí debes escribir los textos bíblicos que se aplican a tu situación como las guías de obediencia que has de seguir.

Grupo de apoyo: identifica qué ayuda necesitas, y quién te la puede dar. Busca personas con desarrollo espiritual y que tengan experiencia para ayudarte.

Apéndice

David, Abigail y Nabal

La Biblia ha sido un libro poco comprendido por muchos de los que se denominan cristianos, que sufren problemas psicológicos y que, en muchos casos, rehúsan todo tipo de ayuda. Es importante reconocer que en ella existen principios que pueden ayudar al ser humano en el proceso terapéutico.

Permíteme darte un ejemplo sacado de La Biblia, es el caso de David, Nabal y Abigail que nos enseña cómo se puede llegar a destruir a un ser humano si no entiende cuáles son los valores. La historia de estos tres personajes nos muestra lo que puede pasar cuando el ser humano no reconoce sus valores. Con el propósito de que sirva de marco de referencia para el análisis, quiero enumerar algunas características de una persona sensata y una insensata:

Cómo es una persona sensata:
- discreta
- prudente
- razonable
- reflexiva

Cómo es una persona insensata
- imprudente
- boba
- necia
- tonta

El ser humano en sus reacciones es un ser complejo, pues las condiciones biológicas, de relaciones familiares y culturales varían de hogar a hogar y de persona a persona. Los valores de la identidad tienen la capacidad de crear un común denominador para el análisis, en cuanto a cómo el ser humano reacciona ante los estímulos y crea una referencia interna para procesar los mismos.

Analicemos el caso de David, Nabal y Abigail, donde el amor, la traición y el flechazo inesperado en el corazón, estuvieron a punto de condicionar a David para dar una respuesta conductual de desastrosas proporciones.

La diferencia, en la percepción de la cosmovisión, en el liderazgo entre el rey Saúl y el pastor de ovejas David llevó a ambos a un esquema de relación basado en la persecución, por parte de Saúl, y el esconderse, defenderse y peregrinar, por parte de David.

Permítanme, primero, definir las características personales de Abigail, Nabal y David.

Abigail	Nabal	David
Una identidad con valores definidos	Una persona con incapacidad de ejercer los valores	Un joven en proceso de desarrollo de sus valores
Digna	**Indigno**	**Digno**
Sensatez: habilidad de responder interiormente basada en lo que es, a fin de poder discernir los impactos de los estímulos externos y mantener el manejo de sus emociones. No dejar que el otro le imponga una conducta basado en lo que siente, transfiriéndole su insensatez.	Dureza, incapacidad de ejercer el valor de la dignidad para apreciar, reconocer, valorar y agradecer lo que se le hace en forma de entrega, de afecto y consideración.	Humilde, capaz de servir al ser humano por la valoración de lo que es; ahora puesto a prueba por Nabal.

Íntegra	No íntegro	Íntegro
Entendimiento, capacidad de dejar que el valor de la integridad dirija su razonamiento y respuesta ante los estímulos para reaccionar con templanza; en otras palabras, con madurez en el carácter.	Traicionero. Solo ve al ser humano para sacar ventaja, ignora a la persona cuando le ha servido a sus propósitos.	Capacidad de proteger la propiedad ajena, no abusar de la confianza y mantener la responsabilidad; la honestidad y el compromiso ahora puestos; a prueba por Nabal.
Libre	**No libre**	**Libre**
Bella y prudente, capacidad de ejercer el valor de la libertad, para establecer la armonía interior y exterior, logrando un balance entre lo que se es y lo que se desea.	Perverso, incapacidad de controlar sus deseos, y utilizar a las demás personas como un objeto; sin existir el compromiso ni la responsabilidad afectiva.	Capacidad de controlar sus deseos, ahora puesta a prueba por Nabal.
Capacidad de escuchar en las expresiones del otro la deformación de valores que tiene, para no responder igual.		

EL SUCESO

David, cuando huye de Saúl, con el fin de evitar verse presionado a cometer un acto contrario a su deseo, se encuentra en el campo junto a sus seguidores quienes cuidaban a los animales que le servían de sustento. Los siervos de Nabal hacían lo mismo con la cantidad considerable de animales que él tenía. Parece ser que la región estaba plagada de asaltantes y, aunque David y sus hombres en forma gratuita cuidaron de los siervos de Nabal y de sus propiedades, esto no fue apreciado por él.

Pasado el tiempo y al verse David en escasez, envía mensajeros a Nabal con el fin de pedirle ayuda para el sostenimiento de sus hombres. Nabal, a pesar de haber sido informado de dónde procedió la ayuda que tuvieron sus siervos, se hizo el desentendido e ignoró el reclamo de David; porque así actúa el que no ejerce los valores, no le importa la necesidad, el sufrimiento, ni la confianza, agradecimiento y ayuda del otro.

La noticia llegó a David, quien reaccionó con una conmoción emocional que le nubló el proceso de razonamiento *y fue secuestrado emocionalmente por Nabal*. Para David, aquella respuesta de ignorarlo, después de tantos sacrificios hechos por razones humanitarias, produjo un enojo profundo y, sin darse cuenta, reaccionó con un autoataque, que lo puso en el curso de perder la visión que lo había impulsado. David decidió matar a Nabal y a todos los seguidores de este.

Es importante señalar que la reacción emocional es normal, pero abrogarse la justicia, es dejarse secuestrar por las emociones. El amor no anula la ley, la persona responsable de un delito debe comparecer ante la justicia, pero el perdón nos libera de la atadura emocional que nos hace la persona de mal proceder.

Estoy seguro de que tú y yo nos podemos identificar con David, en su enojo, aunque no en su acción, ya que en algún momento hemos pasado, o conocemos a alguien que ha pasado o está pasando, por una situación parecida.

Lamentablemente, David acababa de modificar su comportamiento basado en el suceso, en la emoción que le produjo el hecho, y se olvidó completamente de quién era, del propósito de su vida. Esta reacción la observamos constantemente; los individuos se despersonalizan para tomar la personalidad de quienes los secuestran emocionalmente. Eso sucede en el matrimonio, en la familia, en el trabajo, en las relaciones, cualesquiera que estas sean. Se dice que las personas quedaron marcadas. Lo triste es que han tomado decisiones de cambio que afectan sus vidas.

ABIGAIL Y EL PROCESO DE CONSEJERA

Abigail, ajena a los acontecimientos, recibió la visita de los siervos de Nabal, para hacerla consciente de las intenciones de David. Ella se dio cuenta de que no era justo que todos pagaran por la acción de un hombre malo y la reacción de una persona emocionalmente atrapada que estaba a punto de ejecutar la maldad, condicionada por el malo.

Su primera acción fue escuchar y ejercer la sensatez. Luego recurrió a la reafirmación de quién era el responsable de la situación y decidió intervenir en el suceso, no teniendo en cuenta, al principio, a la persona que tenía incapacidad de ejercer los valores (Nabal), sino a David, que estaba a punto de anular los suyos.

Su segunda reacción fue discreción, no involucró a las personas que pudieran haber incrementado el problema.

Lo tercero fue llevar a David a ejercer su capacidad de razonar, poniendo los valores como referencia. Este proceso incluyó:

Empatía: ganó la aceptación de David, al crear un ambiente de empatía. Las personas no escuchan al que no aceptan cuando sus emociones están en el curso de choque.

Concienciar sobre la ausencia de identidad definida del otro. Trajo, al consciente de David, la realidad de que Nabal no tenía idea de quién era y actuaba desde el instinto de conservación animal: satisfacer sus apetitos y medir su pensamiento, emoción y conducta por lo que lograba, sin pensar en el daño que producía en otros, olvidando los valores fundamentales que demandan una relación de comunión, responsabilidad y valoración hacia los demás.

Hay personas que dicen: "Estos son mis valores y esos son los tuyos". En otras palabras, es una máscara ante el temor de reconocer quién soy y quiénes son los demás, porque esto impone una responsabilidad y un compromiso de respeto a las demás personas que la ausencia de desarrollo interior impide. Es más fácil partir de las emociones y los sucesos de referencia, obviando los valores que ayudarían a procesar las emociones y ver la justa perspectiva de las cosas. Y esta última, fue la parte fundamental que Abigail hizo ver a David en la conducta de Nabal.

La conducta de Nabal puede tener varios orígenes:

- Maltrato recibido; que lo llevó a mirar solamente sus necesidades, ya que el sufrimiento pasado lo condicionó a desconfiar de todo el mundo, tomar una actitud de manipulación y vivir para la gratificación propia.

- Falta de desarrollo; donde evitar el dolor y obtener el placer es su actitud ante la vida, producto de criarse en un medio represivo, normativo, que le creaba un estado de ansiedad.

- Desvío de la personalidad; producto de un proceso de adolescencia permisivo, donde la responsabilidad, la disciplina y el refuerzo no fueron aplicados. Esto podría ser el resultado de una crianza de niño mimado, egocéntrico y carente de límites que regularan su conducta.

Cualquiera que haya sido el motivo de su ausencia de desarrollo, debe llevar a la compasión, pero con la aplicación correcta de la justicia por sus actos. La compasión es la visualización creativa de la incapacidad que un ser humano que se relaciona con nosotros tiene para ejercer los valores de dignidad, integridad y libertad.

Debemos aclarar que no estamos obviando la neurología, la psiquiatría y la parte médica, sino que en este estudio nos enfocamos en la parte socio-espiritual.

Contacto con los valores de la identidad: hace reflexionar a David sobre quién era él, su identidad, la visión correcta de la misma y el manejo adecuado de las emociones, y cuál era su visión sobre su futuro, misión, meta y conducta, para no enfocarse en el suceso y las emociones derivadas. En otras palabras, enfocarse en cómo se reconstruye en él su capacidad de vivir y servir. Cuando el ser humano está consciente de su identidad y los valores asociados, tiene una referencia interna para procesar los estímulos, la que actúa como un filtro y facilita mantener la objetividad y no dejarse manipular emocionalmente por las demás personas.

Libertad de decisión: deja que David tome la decisión, producto de la reflexión interior que provocó su conversación dirigida a conectar sus emociones con su identidad. Le hizo ver que hiere el que está herido, y que una herida es una atadura emocional destructiva que una persona que no ejerce los valores hace a una que no reconoce los suyos.

El resultado. David agradeció infinitamente la intervención de Abigail, porque le evitó cometer un error que empañaría su vida, limitaría su aprovechamiento futuro, lo desviaría del curso de su visión y, en síntesis, le habría creado un remordimiento o sufrimiento incontrolado que posiblemente le podría dañar su salud espiritual y por ende, mental.

Recuperar el sentido de quién era él, quién era Nabal, y decidirse a actuar basado en valores, le ayudó a negociar sus reacciones emocionales y a enfocarse en la objetividad de su visión, luego que tuvo una visión correcta de sí mismo.

Todos conocemos a personas que se lamentan. El lamento es la expresión emocional y verbal del remordimiento o sentido de cautiverio de una decisión equivocada hecha bajo el influjo de la pasión, la ira, la amargura y una incapacidad de decidir tomando como referencia los valores.

Toda decisión es emocional, pues el comienzo de lo racional es un impulso, y la decisión ha de hacerse después de evaluar posibilidades y miedos asociados. Si esos miedos están contaminados con emociones destructivas, la decisión también será contaminada; pero si la decisión se basa en una evaluación con los sentimientos de paz, amor, compasión, bondad, benignidad y justicia que proveen los valores, habrá un proceso de serenidad y sensatez.

Bibliografía

Alarcón, R., H. Nicolini y G. Mazzotti, 2005, *Psiquiatría* (2da. ed.), Organización Panamericana de la Salud, Manual Moderno, México.

Allman, L. S. y otros, 1992, *Psychotherapists's attitudes towards clients reporting mystical expériences* [Actitudes de los psicoterapeutas ante clientes que informan experiencias místicas], Psicoterapia.

American Psychiatric Association, 2002, *Manual diagnóstico y estadístico de los trastornos mentales* [Manual diagnóstico y estadístico] 4ta. ed. rev., Barcelona: Masson.

American Psychiatric Association, 1994, *Diagnostic and statistical manual, fourth edition* [Manual diagnóstico y estadístico] 4ta. ed. rev., Washington, D.C.

American Psychological Association, 1992, *Ethical Principles of Psychologists and Code of Conduct* [Principios éticos de psicólogos y código de conducta], Washington, D.C.

Armstrong, A., 1989, *The challenge of psychic opening: A personal story* [El desafío de la apertura psíquica: una historia personal], en S. Grof y C. Grof (eds.), *Spiritual emergency: When personal transformation becomes a crisis* [Emergencia espiritual: cuando la transformación personal se convierte en una crisis], Los Angeles: J. P. Tarcher.

Batista, J., 1994, *A Cross Cultural Model for Learning And Working* [Un modelo cultural transversal para aprender y trabajar], Santo Domingo: R. D. Editora Educativa.

___ 1998, *Atrévete a ser un líder*, Puerto Rico: Isabela Printing.

___ *Enséñame a vivir*, Puerto Rico: Isabela Printing.

___ 2001, *Un continente en busca de un líder*, Ediciones Casa del pan.

Bergin, A. y J. Jensen, 1990, *Religiosity of psychotherapists: A national survey* [Religiosidad de los psicoterapeutas: una investigación nacional], Psychotherapy.

Berne, E., 1961, *Transactional Analysis in Psychotherapy* [Análisis transaccional en psicoterapia], Nueva York: Grove Press.

Blumer, H., 1982, "Collective Behavior" [Comportamiento colectivo], en Smith y Spencer, Foundation of Modern Social Behavior, Englewood Cliffs, N. J.: Prentice Hall, Inc.

Bogart, G., 1991, *The use of meditation in psychotherapy* [El uso de la meditación en la psicoterapia], American Journal of Psychotherapy.

Braud, W., 1995, *Parapsychology and spirituality: Implications and intimations*.

[Parapsicología y espiritualidad: indicios e implicaciones] ReVision: A Journal of Consciousness and Transformation.

Buckley, P., 1981, *Mystical experience and schizophrenia* [Experiencia mística y esquizofrenia], Schizophrenia Bulletin.

Bugental, J., 1990, *Intimate journeys: Stories Fromm life-changing therapy* [Viajes interiores: historias de terapias que cambian vidas], San Francisco: Jossey-Bass.

Coleman, J. S., 1961, *The Adolescence Society* [La sociedad de la adolescencia], Glencoe: The Free Press.

CONADIC, Consejo Nacional contra las Adicciones, www.conadic.gob.mx

Coon, D., 1983, *Introduction to Psychology: Exploration and application* (Third Edition). Nueva York: West Publishing Company.

Cooley, C. H., 1956, *Human Nature and the Social Order* [Naturaleza humana y orden social], Glencoe, IL: The Free Press.

Cortright, B., 1997, *Psychotherapy and Spirit: Theory and Practice in Transpersonal* [Psicoterapia y espíritu: teoría y práctica en la psicoterapia transpersonal], Albany, NY: State University of New York Press.

Delarue, F., 1980, *Salud e infección*. Mexico: Editorial Nueva Imagen.

Dreitzel, H. P., 1971, *The Social Organization of Health* [La organización social de la salud], Nueva York: McMillan Publishing Co.

Edwards, D., 1991, *Duquesne phenomenological research method as a special class of case study research* [Duquesne el método fenomenológico de la investigación como una clase especial de investigación de caso], en R. van Vuuren (ed.), *Dialogue beyond polemics* [El dialogo más allá de la polémica], Pretoria: Human Sciences Research Council.

Estrella, R. N., 2008, *Acercamiento multidisciplinario sobre la adolescencia en el Caribe*, San Juan, Puerto Rico: Publicaciones Gaviota.

Ellis, A., 1980, *Psychotherapy and atheistic values: A response to A*, E. Bergin's "Psychotherapy and Religious Issues" [Psicoterapia y valores ateos: una respuesta a "cuestiones psicoterapeutas y religiosas" de A. E. Bergin], en Journal of Consulting and Clinical Psychology.

___, y otros, 1988, *Rational-Emotive Therapy with Alcoholics and Substance Abusers* [Terapia racional emotiva con alcohólicos y toxicómanos], Needham Heights, MA: Allyn y Bacon.

Erikson, H. E., 1963, *Childhood and Society (2nd Edition)* [Niñez y sociedad (2da. Ed.)], Nueva York: Norton.

F. Halligan y J. Shea (eds.), *The fires of desire* [Los fuegos del deseo]. Nueva York: Crossroad.

FISAC, 1998, *Beber de tierra generosa. Ciencia de las Bebidas Alcohólicas en México*. México: Fundación de Investigaciones Sociales.

Frankl, V., 1973, *The Doctor y The Soul* [El doctor y el alma], Nueva York: Vintage Books.

Bibliografía

Fromm, E., 1987, *Psicoanálisis de la Sociedad Contemporánea*, Fondo de Cultura Económica, México.
___ 1970, *El miedo a la libertad*, Argentina: Paidós.
Gallup, G., 1987, *The Gallup poll: Public opinion 1986* [El sondeo de Gallup: Opinión pública], Wilmington, DE: Scholarly Resources.
Goleman, D., 2003, *Emociones destructivas*, Buenos Aires: Ediciones B.
___ 2006 *Inteligencia social*, Editorial Kairós: Barcelona.
Gould, R., 1973, "Growth Toward Self Tolerance" ["Crecimiento hacia la auto tolerancia"], Psychology Today.
Greeley, G., 1974; *Ecstasy: A way of knowing* [Éxtasis: una manera de saber], Nueva Jersey: Prentice Hall.
Greyson, B., 1983, *The Near-death Experience Scale: Construction, reliability and validity* [La escala de experiencias cercanas a la muerte: construcción, certeza y validez], Journal of Nervous and Mental Disease.
___ 1997, *The near-death experience as a focus of clinical attention* [La experiencia cercana a la muerte como centro de atención clínica], Journal of Nervous and Mental Disease.
Grof, C., 1993, *The thirst for wholeness: Addiction, attachment, and the spiritual path* [Sediento de integridad: adicción, atadura y la senda espiritual], Nueva York: HarperCollins.
Grof, S. y Grof, C. (eds.), 1989, *Spiritual emergency: When personal transformation becomes a crisis* [Emergencia spiritual: cuando la transformación personal se convierte en una crisis], Los Ángeles: Tarcher.
Group for the Advancement of Psychiatry, 1976, *Mysticism: Spiritual quest or mental disorder?* [Misticismo: ¿búsqueda espiritual o desorden mental?], Nueva York.
Havinghurst, R. J., 1961, "Succesful Aging" ["Envejeciendo con éxito"], Gerontólogo.
Herrera G. y V. Corral, 1995, *Servicio Social y Comunitario en el Entrenamiento Médico en la Práctica Profesional*, Fundación Josiah Macy Jr., Nueva York.
Hoffman, L., 1981, *Fundamentos de la terapia familiar*, México: Fondo de Cultura Económica.
Hunt, D., 1988, *No More Fears* [No más temores], Nueva York: Warner Books.
Jung, C. G., 1964, *Approaching the unconscious* [Acercamiento al inconsciente], en C. G. Jung (ed.), *Man and his symbols* [El hombre y sus símbolos⊠], London: Aldus Books.
Katchadouriana, H. A., 2000, *Las sexualidad humana un estudio comparativo de su evolución*, México: Fondo de Cultura Económica.
Keyes, K., 1975, *Handbook to Higher Consciousness* ⊠[Manual para un conocimiento más alto], Oregon: Living Love.
Kohlberg, L., 1963, "The Development of Children's Orientation Toward a

Moral Order: [El desarrollo de la orientación de los niños hacia un orden moral], Vita Humana, 6.
Kornfield, J., 1993, *A path with heart: A guide through the perils and promises of spiritual life* [Una sendero con corazón: una guía a través de los peligros y promesas de la vida espiritual], Nueva York: Bantam Books.
Krippner, S. y Welch, P., 1992, *Spiritual dimensions of healing* [Dimensiones espirituales de la sanidad], Nueva York: Irvington Publishers.
Lajoie, D. y Shapiro, S., 1992, *Definitions of transpersonal psychology: The first 23 years* [Definiciones de la psicología transpersonal: los primeros 23 años], Journal of Transpersonal Psychology.
Lane, H. y M. Beauchamp, 1980, *Comprensión del Desarrollo Humano*, México: Editorial Pax.
Levensonm Edgar, A., 1972, *Phallacies of Understanding* [Falacias del entendimiento], Nueva York: Basic Books.
Levinson, D. J. y otros, 1978, *The Season of A Man's Life* [Las etapas en la vida de un hombre], Nueva York: Knopf.
Levy-Bruhl, L., 1975, *The Notebooks in Primitive Mentality* [Los cuadernillos en la mentalidad primitiva], Nueva York: Harper and Row.
Lewis, J. y T. Melton (eds.), 1992, *Perspectives on the New Age* [Perspectivas sobre la Nueva Era], State University of Nueva York, NY: Press Albany.
Levi-Strauss, C., 1972, *Mitológicas, I. Lo crudo y lo cocido*. México: Fondo de Cultura Económica.
Lewald, H. E., 1973, *Latinoamérica, Cultura y Sociedades*. Nueva York: McGraw Hill.
Lovinger, R., 1984, *Working with religious issues in therapy* [Trabajando en terapia con temas religiosos], Nueva York: Aronson.
Lukoff, D., 1985, *The diagnosis of mystical experiences with psychotic features* [El diagnóstico de experiencias místicas con características psicóticas], Journal of Transpersonal Psychology.
___ 1988, *Transpersonal perspectives on manic psychosis: Creative, visionary, and mystical states* [Perspectivas transpersonales acerca de la psicosis maníaca: estados creadores, visionarios y místicos], Journal of Transpersonal Psychology.
___ 1995, agosto, *Findings From a Database of Religious and Spiritual Problems* [Conclusiones de una base de datos de problemas religiosos y espirituales], Paper presented at the meeting of the American Psychological Society, Nueva York.
___ y H. C. Everest, 1985, *The myths in mental illness* [Los mitos en la enfermedad mental], Journal of Transpersonal Psychology.
___ y F. Lu, 1988, *Transpersonal psychology research review: Mystical experience* [Revisión de la investigación de la psicología transpersonal: experiencia mística], Journal of Transpersonal Psychology.

___, F. Lu y R. Turner, 1992, *Toward a more culturally sensitive DSM-IV: Psychoreligious and Psychospiritual Problems* [Hacia un DSM-IV culturalmente más sensible: problemas psicoreligiosos y psicoespirituales], Journal of Nervous and Mental Disease.

___, F. Lu y R. Turner, 1995, *Cultural considerations in the assessment and treatment of religious and spiritual problems* [Consideraciones culturales en la evaluación y tratamiento de problemas religiosos y espirituales], The Psychiatric Clinics of North America.

___, R. Turner y F. Lu, 1992, *Transpersonal psychology research review: Psychoreligious dimensions of healing* [Revisión de la investigación de la psicología transpersonal: dimensiones psicoreligiosas de la sanidad], Journal of Transpersonal Psychology.

___ R. Turner y F. Lu, 1993, *Transpersonal psychology research review: Psychospiritual dimensions of healing* [Revisión de la investigación de la psicología transpersonal: dimensiones psicoespiritual de la sanidad], Journal of Transpersonal Psychology.

Maslow, A. H., 1954, *Motivation and Personality* [Motivación y personalidad], Nueva York: Harper and Row.

Maslow, A. H., *EL HOMBRE AUTOREALIZADO*, **ESPAÑA: EDITORIAL KAIRÓS.**

Marin, G., *Cambio Social por la Familia,* Caracas, Venezuela: Imprenta de la Universidad Central de Caracas.

May, Rollo, 1969, *Love and Will* [Amor y voluntad], Nueva York: Delta Books.

___ 1975, *The Courage to Create* [La valentía de crear], Nueva York: W. W. Norton y Co.

McIntyre, J., marzo, 1994, *Psychiatry and Religion: A visit to Utah* [Psiquiatría y religión: Una visita a Utah], Psychiatric News.

McWhinney, W., 1984, *Alternative Reality* [Realidad alternativa], Fielding Institute, Santa Barbara. CA.

___ 1985, *Of System and Paradigms* [De sistema y paradigmas], Fielding Institute, Santa Barbara, CA.

Mead, G. H., 1934, *Mind, Self and Society* [Mente, ego y sociedad], IL: University of Chicago Press. Chicago.

Miller, E. N., 1997, *Selected papers on Conflict* [Escritos selectos acerca del conflicto], Displacement, Learned Drives y Theory. Chicago.

Monthoux, P. G., *Action and Existence* [Acción y existencia], Alemania: Accedo.

Mussen, P. H., J. J. Conger y J. Kagan, 1982, *Desarrollo de la personalidad en el niño* (2da. ed.), México: Editorial Trillas.

Neumann, E., 1964, *Mystical man* [Hombre místico], en J. Campbell (ed.), *The mystic vision* [La visión mística], Princeton, NJ: Princeton University Press York: HarperCollins.

NIAAA, *National Epidemiologic Survey on Alcohol and Related Conditions* [Informe endémico nacional sobre el alcohol y condiciones similares], 2003.

NIDA, *National Institute for Drug Abuse* [Instituto Nacional sobre el Abuso de Drogas], USA, http://www.nida.nih.gov/

Nicolini, H., 2003, "Repitiendo una y otra vez". *La Enfermedad Obsesivo Compulsiva*. México: Editorial Caracci.

Nolan, S. y C. J. Norcross, 1990, *The Therapy War* [La guerra de la terapia], San Francisco, USA: Jossey Bass Publishing Company.

Othmer, E. y S. Othmer, 1984, *The Clinical Interview: Using DSM-III-R* [La entrevista clínica: uso de DSM-III-R].

Padus, E., 1992, *Emotions and your Health* [Las emociones y su salud], Pennsilvania: Rodale Press.

Prevatt, J. y R. Park, 1989, *The Spiritual Emergence Network (SEN)* [La red de aparición espiritual], en S. Grof y C. Grof (eds.), *Spiritual emergency: When personal transformation becomes a crisis* [Emergencia espiritual: cuando la transformación personal se convierte en una crisis], Los Angeles: J. P. Tarcher.

Princeton Religious Research Center, 1985, *Religion in America* [Religion en América], Princeton, NJ: autor.

Rank, O., 1941, *Beyond Psychology* [Más allá de la psicología], Nueva York: Bantam Books.

Reid, W. H., 1989, *The Treatment of Psychiatric Disorders* [El tratamiento de los desordenes psiquiátricos], Nueva York: Brunner/Mazel, Inc.

Read, M., 1968, *Cultura, salud y enfermedad*, Buenos Aires: Centro Editor de América Latina.

Rivero, E. B. y Trasmonte, 1980, *Introducción a las Ciencias Sociales*, Mayagüez: Universidad de Puerto Rico.

Robinson, L. (ed.), 1986, *Psychiatry and religion: Overlapping concerns* [Psiquiatría y religión: superponiendo inquietudes], Washington D.C.: American Psychiatric Press.

Rogers, C., 1959, "A Theory of Therapy, Personality, and Interpersonal Relationships as Developed in the Client-Centered Framework" ["Una teoría de terapia, personalidad y relaciones interpersonales desarrolladas con enfoque en el cliente"], *Psychology: A Study of Science*. Vol. III, Nueva York: McGraw Hill.

Sequence in the Development of Moral Thought [Secuencia en el desarrollo del pensamiento moral], Vita Humana, 6, 1963.

Shein, E., W. Bennis y R. Beckhard, 1969, *Organization Development Serie* [Serie del desarrollo de la organización]. Mass: Addison Wesley Series on Organization Development.

Schneider, K. y R. May, 1995, *The psychology of existence*, Nueva York: McGraw-Hill.

Shafranske, E. y H. Maloney, 1990, *Clinical psychologists' religious and spiritual orientations and their practice of psychotherapy*. Psychotherapy.

Bibliografía

Sievers, B., 1984, *Leadership as a Perpetuation of Immaturity* [El liderazgo como una perpetuación de la inmadurez], Wuppertal.

Sleek, S., 1994, junio, *Spiritual problems included in DSM-IV* [Problemas espirituales incluidos en DSM-IV], American Psychological Association Monitor.

Snodgrass E. M., *Greek Classics* [Clásicos griegos], Cliffs Notes, Nebraska: Linconl.

Social Behavior [Comportamiento social], Englewood Cliffs, N. J: Prentice Hall, Inc.

Spencer, M., 1982, *Foundation of Modern Sociology* [Fundación de la sociología moderna], Englewood Cliffs, NJ: Prentice Hall, Inc.

Stark, R. y W. Bainbridge, 1985, *The future of religion* [El futuro de la religión], Berkeley, CA: University of California Press.

Stevens-Long, J., 1984, *Adult Life Developmental Process II Edition* [Proceso de desarrollo de la vida adulta, 2da. edición], Palo Alto, CA: Mayfield.

Spitz, R. A., 2001, *El primer año de vida del niño*, México: Fondo de Cultura Económica.

Spizer, R., G. Miriam y otros, 1989, *Case Book: Diagnostical Statistical Manual Of Mental Disorder* [Libro de caso: Manual estadístico de diagnóstico del desorden mental], Washington: American Psichiatric Press Inc.

Tapia, R., 2000, *Las adicciones: dimensión impacto y perspectivas* (2da. ed). México: Manual Moderno.

Timio, M., 1981, *Clases sociales y enfermedad* (1ra. ed.), México: Editorial Nueva Imagen.

Thomas, L. y P. Cooper, 1980, *Incidence and psychological correlates of intense spiritual experiences* [Incidencia y analogías psicológicas de experiencias espirituales intensas] Journal of Transpersonal Psychology.

Vaughan, F., 1987, *A question of balance: Health and pathology in new religious movements* [Una cuestón de equilibrio: Salud y patología en los nuevos movimientos religiosos], en D. Anthony, B. Ecker y K. Wilber (eds.), *Spiritual choices: The problem of recognizing authentic paths to inner transformation* [Elecciones espirituales: el problema de reconocer los caminos auténticos hacia la transformación interior], Nueva York: Paragon House.

White, R. W., 1956, *The Abnormal Personality, Third Edition* [La personalidad anormal, 3ra ed.], Nueva York: The Ronald Press Company.

William, H. J., 1983, *Psychology of Women* [Psicología de las mujeres], Nueva York: Norton y Company.

Esperamos que este libro
haya sido de su agrado.
Para información o comentarios,
escríbanos a la dirección
que aparece debajo.

Muchas gracias.

PENIEL
info@peniel.com
www.peniel.com